KB036836

세계철학사 4

世界哲学史 4
SEKAI TETSUGAKUSHI 4: CHUSEI II KOJIN NO KAKUSEI

Edited by Kunitake Ito, Shiro Yamauchi, Takahiro Nakajima, Noboru Notomi
Copyright © 2020 Kunitake Ito, Shiro Yamauchi, Takahiro Nakajima, Noboru Notomi
All rights reserved.
Original Japanese edition published by Chikumashobo Ltd., Tokyo.
This Korean edition is published by arrangement with Chikumashobo Ltd., Tokyo
in care of Tuttle–Mori Agency, Inc., Tokyo through Bestun Korea Agency, Seoul.

세계철학사 4

중세 II
─ 개인의 각성

책임편집 이토 구니타케 伊藤邦武
야마우치 시로 山內志朗
나카지마 다카히로 中島隆博
노토미 노부루 納富信留

옮긴이 이신철

도서출판 b

| 차례 |

무엇을 위해 쓰였는가? Ⅰ 마치며

머리말

야마우치 시로山內志朗

세계철학사란 본래 가능한 것인가? 칸트는 선험적 종합 판단은 가능한가의 물음에 대해 수학의 명제라는 구체적인 예를 내놓고 그것이 선험적 종합 판단이라는 것을 보이며 그 명제는 가능하다고 말했다. 여기서도 역시 세계철학사의 가능성을 보이기 위해 그 구체적인 예가 필요한 것이다.

세계철학사는 계속 나아간다. 이 『세계철학사』 시리즈에서 전개되고 있는 '세계철학'이라는 개념은 긁어모음이라고 하는 것이 아니다. 동시에 보편 개념으로서의 '세계'를 의미하는 것도 아니다. 절대정신의 현현으로서 철학의 흐름을 정리하려고 하는 것도 아니다. 여기서는 특이성과 개체성을 없애 버리는 보편성·전체성이 아니라 포괄적 다양성이 지향되고 있다.

세계 문명은 큰 강 유역에서 집단 주거와 집권이라는 조건을 수반하며 성립했다. 철학은 그리스에서 기원을 지닌다. 그리스에서 시작된 지적 탐구를 좁게 고유한 '철학'으로서 파악하면, 그것이 미치는 범위는 아무래도 좁은 것이 되고, 19세기까지는 서양에 한정되어 있었다.

이 『세계철학사』라는 기획에서 생각하고 있는 것은 그와 같은 좁은 철학이 아니다. 하지만 동시에 만약 그렇게 주장하고자 한다면 그 '철학', 넓은 의미에서의 철학은 어디에 나타나 있느냐는 물음이 나올 것이다.

인간이 원리나 기원을 추구하는 질문은 직접적인 영향 관계의 있고 없음에 의해 헤아릴 수 없는 대응 관계가 있을 수 있다. 일본의 가마쿠라 불교와 서양에서의 탁발수도회의 활약 등에는 영향 관계와 같은 것이 있는 것은 아니지만, 단순한 우연의 대응으로서 치부될 수 없는 구조적인 대응 관계가 있다. 아니, 물론 우연일지도 모른다.

그것을 탐구해야 할 문제로서 고찰하기 위해서는 철학의 전개를 지역마다 한정하여 파악하는 것이 아니라 공시적으로 사상을 배열하여 조망하는 격자 모양의 매트릭스적인 앎의 정리라는 것도 생각할 수 있다. 지식의 배치는 하나의 시간 축으로만 정리되어서는 안 된다.

가마쿠라 불교와 탁발수도회 운동은 유라시아 대륙의 동쪽 끝과 서쪽 끝에서 나타났다. 변경은 때때로 새로운 사상의 모체가 된다. 변경이 새로운 철학을 산출할 수 있는 것은 철학 자신의 기원으로 거슬러 올라감으로써 지금까지 깨닫지 못했던 새로운 사상사의 배치를 간파하기 위한 관점을 베풀어주기 때문이다.

제4권은 13세기를 주된 무대로 하여 거기에 참여하는 사상들에도 눈을 돌리면서 서양의 중심부에서의 철학들과 다양한 변경에서 나타난 철학이 어떻게 배치되어 있는지를 보이고자 한다.

제1장

도시의 발달과 개인의 각성

야마우치 시로山內志朗

1. 13세기와 철학

13세기에서의 철학

13세기의 철학이란 어떠한 것인가? 그것을 세계철학으로 말하는 것은 무엇을 의미하는 것인가? 13세기는 중세 전성기이다. 하지만 이 규정에 함정이 존재한다. 중세라는 명칭 그 자체가 서양의 고대와 서양의 근세 중간이라는 개념상의 기원을 가지는 한에서, 서양이라는 지역에 대한 눈길에 사로잡혀 있다.

13세기는 유럽이 세계사 속에서 급속히 존재감을 늘린 시기이며, 철학적으로도 창조력이 두드러지고, 서양 철학의 시대라고 말할 수 있을 정도이다. 따라서 서양으로 이야기를 한정하여 그 시대

구분을 받아들여도 좋을 것이다. 그럼에도 불구하고 여전히 그 시기의 영위를 '철학'이라는 것에 한정해서 좋은 것인지, 철학이라기보다 그리스도교 신학이 아닌가 하는 의혹이 생긴다.

철학으로 바라본다고 하더라도, 그것은 그리스 철학과의 연속성을 강조하게 된다. 거기서 철학만을 발견하는 것은 중세의 영위를 치우쳐 보는 것이다. 철학에 관심을 기울일 것인가 아니면 중세에 독자적인 그리스도교 신학을 중시할 것인가? 어느 쪽 길을 선택하더라도 비판은 피할 수 없다. '12세기 르네상스'라는 말이 있다. 12세기는 영웅담과 기사도 정신이 성립하고, 아벨라르, 엘로이즈에게서 보이는 것과 같은 대단한 연애가 등장하며, 유럽의 정체성이 확립되었다고 볼 수 있는 시대이다. 번역과 과학 기술과 무역과 십자군과 아라비아 학술의 이입, 과학 르네상스, 트루바두르(음유시인)의 등장, 낭만적 사랑의 성립 등, 화려한 이야깃거리로 가득 차 있다.

12세기는 성장의 시대이고, 13세기는 서양 중세의 최전성기이다. 그 시대는 역사의 배치에서 무엇을 의미하는가? 철학사의 흐름도 그에 호응하여 움직여 갔던가? 그것을 해명하는 것이 지금 이 권의 목적 가운데 하나이다.

도시의 발전, 상업의 성장, 교육과 대학의 발달, 탁발수도회의 성공 등, 유럽은 이 시기에 다양한 면에서 대규모의 발전을 이루고, 세계사의 무대 중심으로 발걸음을 내디뎠다. 아시아 대륙 전체가 세계 시스템을 구성하고, 서양이 대륙의 서쪽 끝 변경이기를 그만

두고서 그 영향을 빠르게 성장시켜 간 시대였다.

12세기의 철학에서는 안셀무스나 아벨라르와 같은 소수의 독자적인 사상가는 보이지만, 12세기는 전체로서 보면 독자적인 사상을 축적하기보다 과거와 외래의 사상을 수용하는 시대였다. 13세기는 압도적으로 독자적인 사상이 방대하게 산출되고, 그것이 짧은 시간에 축적되어갔다. 그리고 토마스 아퀴나스가 중세 스콜라 철학의 황금시대를 형성한다고 보면, 13세기 말 이후는 급격히 쇠퇴해 간 시기라고 정리할 수도 있다.

눈을 세계로 돌려 보자. 발흥하는 서양 사상에 대응하는 현상이 세계 각지에 있었다고는 반드시 말할 수 없다. 인도에서는 12세기에 라마누자가 나타나지만, 전성기라고는 말하기 어렵다. 중국에서도 1200년에 주자가 사망한 후, 13세기에 커다란 조류가 움직이고 있었던 것은 아니다.

하지만 일본에서는 호넨法然, 에이사이榮西, 묘에明惠, 도겐道元, 신란親鸞, 잇펜一遍 등, 수많은 대사상가가 나타난다. 이 시기야말로 대륙의 서쪽 끝과 동쪽 끝에서 국지적이면서 철학적인 격류가 움직이고 있던 시대인 것이다. 변경은 단순한 변경이 아니라 세계의 일부를 이루는 이상, 커다란 움직임이 잠재해 있던 것인지도 모른다.

대학과 철학

13세기는 대학이 파리, 볼로냐, 옥스퍼드 등 각지에서 성립하고,

서양에서의 학문의 존재 방식이 그 근저로부터 변해갔다. 대학은 신학, 법학, 의학, 학예학부의 네 학부로 구성되고, 학생은 우선 자유 학예 일곱 과목을 중심으로 하는 기초 교육을 수료하고, 그 후에 전문학부로 진학하게 되어 있었다. 학예학부의 주요 교재가 아리스토텔레스였기 때문에, 학예학부는 '철학부'로서 다른 학부와 더불어 독자적인 성격을 발휘하게 되어간다. 신학 교수의 자격을 얻는 데에는 청강, 강의, 토론 등의 학습을 쌓아나가고 최소한 15년이나 필요했지만, 그 교수 면허 자격은 국제적으로 통용되고 학문적 지식의 이식과 표준화가 진전했다. 대학은 앎의 발전과 유동화에 크게 이바지했다.

학예학부에서의 학업이 아리스토텔레스의 저작을 기초로 했던 한에서, 그 영향은 신학에도 크게 미친다. 철학과 신학, 자연과 은총의 관계를 어떻게 할 것인지가 커다란 문제가 되었다. 아리스토텔레스의 틀은 논리학서(오르가논)와 그것을 근거로 한 철학서이며, 신학적인 사항에 어울리지 않는 경우도 많았다.

정통적 신학 사상의 전거를 집성한 『명제집』이 12세기 이후 수많이 작성되었지만, 이쪽에서야말로 그리스도교 고유의 논점이 다루어지며, 신학부의 강의 내용은 주로 성서 강의와 『명제집 주해』로 되었다. 특히 후자의 형식이 신학 연구의 기본 형식이 되었다. 이것은 보수적인 앎의 재생산 양식으로 보여왔지만, 전통적인 사유의 재료를 이용하고 토론 속에서 새로운 사유 방법을 제창하는 기술 혁신의 측면을 지녔다는 점은 간과되어서는 안

된다. 자기 스승의 견해라고 하더라도 그대로 계승하는 것이 아니라 비판적으로 다루고 자기의 독자적인 견해를 덧붙이는 것이 추구되었다.

교수 면허가 국제적으로 통용되고 인적 교류가 활발했던 것은 연구 거점의 이동을 불러일으켰다. 지식은 이동하고 전달됨으로써 확산, 증식해간다. 지식의 숙련 형식을 보더라도 토론과 주해가 사용됨으로써 다양한 견해가 제안되어갔다. 학설의 축적이 생긴 것이다. 학설의 축적은 분류를 발생시켰지만, 이 학설들에 대한 견해의 축적과 그 정리는 14세기에 들어서자 급격히 진전되었다.

토마스 아퀴나스(1225년경~1274)에게서도 『신학대전』이라면 비교적 이해하기 쉬운 서술 형식으로 이루어져 있지만, 그 밖의 정기 토론집의 기록인 『진리론』에 이르면 소개되는 학설의 수가 현격히 많아지고 난해함과 정밀함의 정도는 비교도 될 수 없다. 둔스 스코투스(1265년경~1308)는 정묘 박사Doctor Subtilis라 불리고 난해한 철학으로 일컬어져 왔지만, 스코투스 이상으로 정밀하고 번거로운 신학자는 헤아릴 수 없을 정도이다. 새로운 학설이 차례차례 축적되고 활발하게 토론이 중첩되어 학설사로서 정리되어간 결과이다.

그러나 『명제집 주해』 전 4권 모두에 대해 강의를 하는 것이 신학 교수로서 필요조건이 된 것은 그때까지의 주요한 학설을 이해, 기억하고 논박하며 나아가 새로운 자신의 학설을 덧붙인다는 것을 의미한다. 시대가 지나면 지날수록 학설의 숫자가 늘어나 수업 기간 내에 다 돌파할 수 없는 것이 되면, 학문의 형식으로서 계승될 수 없다. 15세기가 되면 이미 『명제집 주해』라는 형식은 서서히 폐지되어버린다. 양적 한계라는 것이 존재한 것이다.

그러나 그러한 양적 한계 역시 활판 인쇄술이 등장하고 책이 기억 매체로서 성립하며 목차와 색인과 표제어 등이 완성되어 검색이 간편해지자 인간의 지성이 기억 매체일 필요는 없어져 간다. 그와 같은 철학 환경 속에서 근세 철학이 새로운 가능성을 추구하며 성립해 간다. 여기서는 중세의 환경에서 생각한다.

어쨌든 13세기는 네 학부로 이루어진 대학이 성립하고 유럽 전 지역에서 유통되는 라틴어라는 전달 형식이 확립됨으로써 문화적으로, 정치적으로, 경제적으로도 강력한 공통 문화권이 성립했다. 이 점은 시대의 변화라는 면에서도 커다란 사건이었다. 13세기는 그러한 문화 환경의 변천 속에서 파악되어야 한다.

이러한 문화 환경의 극적인 변화는 유럽에만 해당하는 현상인 것일까? 확실히 지금까지 살펴본 논점에서 보면, 당시 문화 환경의 변천은 유럽의 고유한 것으로 보인다. 그러나 다른 고찰 축도 있는 것으로 생각된다. '도시'라는 논점이다. 사실 도시라는 형식은 유럽에만 고유한 것이 아니다. 그리고 세계 각지에서 보이는 그 집단 주거 형식은 역사의 흐름을 생각하는 경우 결정적인 영향을 인간 생활에 미쳐온 것으로 보인다. 그리고 철학의 전개와도 밀접히 결부되며, 13세기의 철학 흐름도 이 논점과 관련하여 생각되어야 할 것으로 보인다.

2. 도시라는 집단 주거 형식

문화 형식으로서의 도시

중세 신학에서 논의된 주요한 주제, 예를 들어 삼위일체, 의인, 공적, 실체 변화 등, 개별적인 주제에는 부족함이 없지만, 근세와의 접속을 생각하는 경우, 인간성과 개성이 억압된 중세라는 정리는 지금도 종종 보인다. 중세는 혼미한 시대인가? 그러나 동시에 근대의 개인주의가 중세에서 연원했다는 지적도 다양하게 이루어진다. 개인주의의 원천이 중세에 있다는 것은 확실하다. 그리고 그것이야말로 중세 철학의 기본 문제로 여겨지는 보편 논쟁과도 밀접하게 관련된다.

13세기를 서양으로 한정하지 않고 세계철학으로서 공시적인 관점에서 보는 경우의 기축이 되는 것으로 '도시'라는 것이 있다. 철학은 텍스트와 논의 형식에 한정적으로 내재하는 것이 아니라 미디어의 발달과도 연동한다고 생각된다. 예를 들어 활판 인쇄는 철학의 내실과 형식에 결정적인 영향을 주었던 것이 아닌가? 그리고 도시 역시 미디어의 형식이다.

도시의 형성과 성장은 13세기에 한정된 것이 아니며, 인도, 중국, 아라비아권 등, 많은 문명 지역에서 옛날부터 성벽을 동반하는 형식으로 도시는 발전해왔다. 해자와 성벽을 동반하는 것이 보통이었음에도 어느 도시에서나 생겨난 시가지의 성장에 따라 해자도 성벽도 파괴되고 흔적도 없어지고 말았다는 것은 대부분의 도시에 해당한다. 13세기를 도시라는 관점에서 개관하려고 하는 것은 서양에서 급격히 도시의 성장이 생겨나 당시의 역사를 바라보는 척도로 파악할 수 있게 되었기 때문이다.

인류의 역사에서 도시라는 집단 주거 형식은 인간 생활에 커다란 영향을 미쳐왔다. 도시는 시 성벽에 둘러싸인 공간에서의 집단 주거 양식이며, 경제적 중심, 정치 행정적 중심, 종교적 중심, 지적 중심과 같은 다양한 기능의 집약 지점이었다. 일본처럼 중심부의 군주 성곽만이 성벽을 지니는 형식은 드물다. 서양도 인도도 중국도 도시는 중세에 성벽을 갖추고 있었다.

도시는 기본적으로 성벽(시벽, 방벽, 나성, 도시벽 등 다양하게 불린다)을 갖추고 있다. 이것은 간과되어서는 안 되는 중요한 점이다. 일본의 도시처럼 고대부터 성벽을 갖지 않는 도시가 대부분이라는 것은 드문 일이다. 그리고 성벽은 전쟁이나 침략시의 방어 기능뿐만 아니라 평화로울 때 인간이나 물품의 통행·반입시에 그에 대한 통행세나 관세를 부과할 수 있게 하는 기능도 지녔다.

서양 중세의 도시에도 성벽이 으레 따라붙는다. 높이가 20m 정도이고 두께도 2m를 넘는 것이 대부분이었다. 성문 이외에는 침입이 어려운 견고한 격리벽을 이루고 있었다. 도시 전체가 성채라는 양상을 드러내는 일이 많았다. 13세기는 급격한 도시화의 시대이다. 도시화는 페스트가 몹시 창궐한 14세기 중반까지 계속해서 진전했다.

서양 중세의 도시는 대부분 4,000명 이하의 도시이며, 인구가 1~2만 명에 이르면 유럽에서는 대규모 도시에 속했다. 아시아의 거대 도시와는 비교도 되지 않는다. 독일에서는 12세기 중반에 도시 숫자가 200개 정도였지만, 100년 후에는 1,500개 정도, 14세기 중반 페스트 유행 전에는 3,000개 이상으로 늘어났다.

도시의 성장은 탁발수도회의 활동, 대학의 발달, 경제 활동의 융성과 깊이 결부되어 있었다. 그리고 그것은 물질적 측면에서뿐만 아니라 인간 정신의 존재 방식에도 커다란 영향을 미치지 않을 수 없었다.

도시와 개인

12세기에는 수도원의 영적 생활이 현세 멸시의 정신을 함양했다. 중세 초기의 아주 상투적인 말로 '현세 멸시'라는 것이 있었다. 육체와 혼, 현세와 천국을 이원론적으로 분리하고 육체와 현세의 비참함을 띠움으로써 내세에 대한 희망을 강화하는 틀이었다. 그러나 '12세기 르네상스'라는 말이 보여주듯이 다방면에서의 시대의 창조적 발전과 관련하여 현세의 가치들에 대한 애착은 증대하고, 현세 멸시의 정신은 쇠퇴해간다.

12세기 말에 연옥이라는 표상이 등장한 것은 현세 멸시라는 단순한 세계관과는 다른 인생관을 산출해갔다. 천국과 지옥이라는 이원적 세계 구성에 연옥이라는 제3세계가 등장한 것은 개인의 죽음과 집단적 심판을 떼어놓는 중간 기간이 개인의 행위를 판별하는 기간으로서 표상되게 되었다고 할 수 있다. 연옥은 신앙생활의 개인화라는 맥락에서 파악하면, 개인주의에 유리하게 작용한다. 연옥은 개인의 죽음과 그것에 이어지는 심판에 관심을 집중하게 한 것이다.

12세기 이후 개인의 구원이라는 것이 문제로서 나타난다. 읽고 쓰는 능력이 성직자에 한정되어 있던 시대에는 교회에 다니고 사제가 말하는 것을 듣는 것이 유일한 구원에의 길이었다. 여유가 있는 시민층이 성서를 손에 넣고 라틴어 독해력을 익히며 자기 스스로 성서를 읽기 시작할 때 교회에 의한 집단적 구원과는 다른 길이 나타났다. 그리고 그 독해의 담지자는 여성이었다. 요컨대 12세기 후반 이후에 읽고 쓰는 능력, 이단, 여성, 도시라는 것이 결합하여 커다란 흐름을 형성해갔다. 자신의 힘으로 성서를 읽고 자기 스스로 고행과 순례를 하는 서민이 늘어났다는 것도 같은 흐름에 속한다. 개인이 스스로 자신의 구원을 추구하게 된 것이다.

도시란 문화적, 아니 '철학적' 환경이기도 했다. 도시란 성벽으로 둘러싸인 집단 주거 형식에 그치는 것이 아니라 동업조합에 소속되고 정식 시민권을 얻는 데도 다양한 절차가 필요한 공동생활이자 한 사람 한 사람의 신원 보증과 식별이 필요한 조직이었다.

도시의 생활은 집단 주거를 진전시켜 간 결과이며, 언뜻 보면 개인은 공동체 속에 매몰되어간 것처럼 보이기도 하지만, 오히려 역으로 개체성을 두드러지게 하는 효과를 지니고 있었다. 13세기가 개인이 기원한 시대라는 것은 기묘한 일이 아니다. 개체주의는 철학적 개념의 문제에 머무는 것이 아니다.

도시 속의 수도사

이미 살펴보았듯이 도시의 성장은 종교 조직이 운영되는 장소에도 영향을 미쳤다. 12세기까지 수도원은 세속화한 도시를 떠나 초기 수도제의 고독한 수행 생활의 이상을 지향하고 도시에서 벗어난 장소에 세워졌다.

그러나 13세기 초에 활동을 시작한 탁발수도회(프란치스코회, 도미니크회)는 수도원의 조용하고 평온한 생활로부터 탈출했다. 그들은 설교에 커다란 힘을 쏟아붓고 활동 장소를 도시에서 찾았다. 그것은 종교적 정열의 새로운 방향에 조응하는 것만이 아니었다. 그들은 도시에 사는 수공업자의 불안, 고뇌, 소망과 함께 살아갈 것을 지향했다. 그것은 도시에 사는 사람들 숫자의 증가뿐만 아니라 수공업자, 상인 등 시대를 뒷받침하는 시민 계층의 발흥에 부응하는 것이기도 했다.

탁발수도회의 수도사는 설교자로서 활약했다. 그들은 도시의 광장에서 설교하고 교의를 널리 전하는 역할을 했다. 그들은 도시에서 활약하는 새로운 미디어였다.

탁발수도회는 도시에서의 시민의 종교적 요구에 부응하는 것으로서 새로운 종교적 기능을 발휘하는 조직이 되었다. 그리고 철학에 있어 중요했던 것은 그것이 학문을 새롭게 짊어지는 조직이 되어갔다는 점이다. 미디어의 조직체로서 대학은 새로운 기능을 발휘했는데, 거기서도 탁발수도사는 커다란 역할을 했다.

도미니크회나 프란치스코회 모두 신학 교육을 중시했다. 아시시의 프란체스코(1181년경~1226)는 학문을 하는 것이 신앙심에 방해가 된다고 하여 신중한 태도를 채택했다고도 기록되지만, 시대의 흐름 속에서 양쪽 탁발수도회는 고등 교육도 중시하고 파리대학에서의 신학자 양성 교육에 힘을 쏟아 도미니크회는 두 개의 교수 자리를, 프란치스코회도 하나의 교수 자리를 획득했다. 그것은 재속 교수단의 위기감을 격화시키게 될 정도로 급격한 성장을 이루었다.

지식의 기억 장치가 도서관으로부터 개인의 두뇌도 포함하게 되었다. 대학 제도는 지식의 분배와 확대에서 획기적인 제도였다. 철학이란 결코 문장의 내용, 콘텐츠에 의해서만 구성되는 것이 아니라 미디어의 형성으로서도 생각되어야 한다. 13세기란 콘텐츠에 의해서뿐만 아니라 미디어의 형식에 의해서도 크게 변화한 시대였다.

대학은 앎이 유지되기 위한 계속성, 라틴어라는 공통어의 운용 능력을 지니고서 각지에서 가르칠 수 있는 이동 가능성, 인재를 재생산할 수 있게 하는 교육 조직이며, 탁발수도회는 그때까지의 수도원과는 달리 도시 속에서 활약하고, 정주하기보다 각지에서 활동함으로써 가동성을 대학이라는 지식 활동에 부여했다고도 할 수 있다.

3. 중세에서의 개체와 개인

개인 개념의 토양으로서의 도시

개인이란 존재론을 구성하는 개념에 머무는 것이 아니다. 13세기에 개인의식이 성장해갔다는 것은 지금까지 지적되어왔다. 그 기원에 대해서는 견해가 나뉘지만, 도시와 관계가 있다고 생각된다. 도시는 집단 주거 형식이라는 것뿐만 아니라 성벽에 둘러싸인 밀집 공간이며, 집합 주택 속에서는 개개인의 타고난 성질은 일상 생활을 평온하게 보내는 것에 있어 중요했다. 당시 30%에서 40%의 남성은 세례명이 장Jean이었다. 출신지나 성씨가 된 통칭을 붙여도 동성동명을 피할 수 없었다. 따라서 주소가 개인을 식별하는 중요한 요소가 되었다. 파리 등의 대도시에서는 많은 동성동명과 모호한 주소 제도를 이용하여 나쁜 평판이나 가족 관계 등, 부담감이 있는 과거의 역사를 지워버릴 수도 있었다. 어쨌든지 간에 대도시에서는 개인의 특성이 중시되었다.

개인성의 중시는 대도시의 상황뿐만 아니라 인간의 내면에 대한 눈길의 변화에도 관계된다. 1215년에 제4차 라테라노 공의회는 교회의 성인 신자가 최소한의 의무로서 1년에 한 번은 고해할 것을 부과했다. 고해에서는 일곱 가지의 큰 죄 ─ 오만, 탐욕, 질투, 대식, 분노, 태만, 음욕 ─ 라는 인간이 저지르지 않을 수 없는 죄와 다양한 작은 죄를 고백하는 것이 필요했다. 그것은 자기반성을 사회에 보급하는 시도였다. 고해의 상당한 부분은 성적인 사항이었기 때문에, 사적이고 은밀한 영역에 공공적인 시선이 들어온다는 것을 의미했다. 이 점이 근대적인 자기의식의 형성에 이바지했다고도 말해진다.

그리스 철학의 전통에 대해 개인성의 중시가 이루어지는 것이라면, 그것은 보편을 앞세우고 그것이 한정되어가는 형식으로 구축되어간다. 고대에 개인 개념이 강조되는 일은 많지 않다. 그런데 서양 중세의 사상은 개별적인 것에서가 아니라 보편적인 것으로부터 출발하고 있었다. 그리스도교는 영혼의 구원 가능성을 얻기 위해 자기 자신의 개인성을 포기하고 그리스도교도 집단에 참여할 것을 요구했다. 개인의 구원보다 집단의 구원이 주요한 길이었다.

중세인은 자기 자신 안에서 다른 인격에 영향을 미치는 행위의 중심을 보지 않았으며, 인간의 본질은 사회적 지위, 계급적 신분, 직종에 따라 규정되기 쉬웠다. 중세인은 집단의 틀 안에서만 완전히 자기를 발견하고 자기를 인식할 수 있었다. 인간이 완전히 개인적으로 행동해야만 하는 일은 드물었다. 집단의 목적과 규범에 반한 행동을 하는 것은 비난받아야 할 것이었다.

영혼의 구원이라는 것은 그리스도교의 근간에 관계되는 것이자 원시 그리스도교 시대부터 계속해서 논의되어온 것이고 집단적 구원의 측면이 강해 개인 영혼의 구원이라는 것은 주제화되지 않았다. 그러나 12세기 중반쯤, 요컨대 다양한 이단이 등장하기 시작한 무렵부터 교회의 교의를 통해 집단적으로 구원받을 것을 추구하는 데 만족하지 않고 개인 영혼의 구원을 추구하는 흐름이 두드러지게 나타난다.

그것에 호응하기라도 하듯이 '연옥'이라는 사상이 나타난다. 르 고프$^{Jacques Le Goff}$(1924~2014)는 연옥이라는 표상이 개인주의에 유리하게 작용한다고 파악한다. 연옥은 개인의 죽음과 그에 이어지는 심판에 관심을 집중하게 만든다. 12세기 말은 도래해야 할 입헌적 발전과 사회에서의 개인 출현의 씨앗이 뿌려진 시기로 파악될 수 있으며, 그러한 관점에서도 이 시기가 '개인의 출현' 시기였다고 말할 수 있다. 이러한 개인의 출현은 죽음과 사후 세계에서의 운명이라는 최전선에서 가장 분명하게 알아볼 수 있다.

르네상스의 거인들은 자기의 인격을 구심적으로 파악하고 세계를 자신 속으로 비추어내고자 했지만, 중세의 인간은 자기를 원심적으로 파악하고 자기를 주위의 세계로 투영하고 거기에 흡수되는 모습으로 파악하고 있었다. 개인의식의 성립에 밀접히 결부되는 것으로 보이는 것이 고해의 제도화이다. 고해는 죄의 의식을 전제한다. 속죄 규정서에 쓰인 죄에 해당하는 것을 고백하지 않으면 안 된다. 13세기에는 개인의 자기의식에 전기가 찾아오며, 개인의 의미는 둔스 스코투스와 단테(1265~1321)에게서 심화해 간다. 주의해야만 하는 것은 중세에서의 개인의식은 철학적인 틀 속에서 발전해 간 것이 아니라는 점이다.

개체와 개인이라는 것은 일본어에서는 구분되어 사용된다. 개인은 인격을 갖춘 인간이자 둘도 없는 개체성과 개별성을 갖춘 존재자이다. 개체라고 하면 '이 책상', '저 연필'이라는 식으로 유일자로서 확인할 수 있는 존재자이며 반드시 인간일 필요는 없다.

근세에 들어서서 자기의식, 자유, 자연권, 인권 등이 중시됨에 따라 '개인'이라는 것이 문제가 된다. 현대의 사상사적 관심에서도 개인주의의 기원과 그 내실은 다양하게 논의되어왔다. 13세기 초의 프란체스코에게서 근대인의 기원을 발견하거나 프란치스코회 전통 속에서 개인주의 전통을 찾아내는 시도도 많다.

보편 논쟁과 개체화 문제

13세기에는 보편에 무엇이 덧붙여져 개체가 성립하는가 하는 개체화 논의가 활발하게 수행되었다. 그리고 보편 논쟁 역시 이 개체화론을 둘러싸고서 이루어졌다. 종이라는 다수의 개체로 이루어진 존재자에서 거기에는 공통된 것으로서의 보편이 성립하고 있고, 거기에 개체화의 원리가 덧붙여져 개체가 성립한다는 틀로 논의되고 있었다. 그 경우 덧붙여지는 개체화의 원리는 종을 구성하는 본질(보편)과 다른 것인가 다르지 않은 것인가 하는 논의를 세우면, 어느 쪽이든 기묘한 것이 된다. 본질의 외부라면 우유성이 되어 진정한 하나인 개체를 구성할 수 없으며, 동일하면 본래 본질과 다른 개체성 원리는 필요하지 않다는 것이 되어버린다.

중세 철학에서 보편 문제도 개체화 문제도 중요한 기본적 문제이고 예부터 활발하게 연구되어왔지만, 명확하고 이해하기 쉬운 도식은 좀처럼 등장하지 않았다. 종래 보편은 실재한다는 것이 실재론이고, 보편은 이름뿐인 것으로 생각하는 것이 유명론이라는 정리가 이루어져 왔지만, 그것으로는 문제의 모습이 보이지 않는다. 그때 보편에 대해 특수화가 이루어지면 그 종국적인 한정으로서 개체화가 성립한다는 도식으로 말해지면서, 그 문제가 세워지는 틀 그 자체에 대한 비판이 13세기의 주된 흐름이 되어간다. 요컨대 아리스토텔레스 논리학의 틀을 전제로 하는 것에 대한 문제 제기가 이루어지는 것이다.

보편과 개체의 관계에 대해 생각하는 경우 중세 논리학을 깊이 연구한 찰스 샌더스 퍼스Charles Sanders Peirce(1839~1914)의 '타입type/토큰token'이라는 분류가 필요하다.

타입이란 보편이라는 것이 아니라 보편의 어떤 양식이다. 타입과 토큰은 보편과 개물의 관계에 일부 대응하지만, 그것이 중세의 틀에서는 보기 어렵게 되어 있다.

언어적 기호에서 일반자로서의 측면과 그 사용으로 생겨나는 개별적인 물리적 생기체로서의 측면의 구별은 퍼스에 의해 타입과 토큰이라고 불렸다. 타입과 토큰은 전통적인 보편/개물에 대응한다. 중세에 보편 논쟁은 주어와 술어의 개념적 관계에 대한 분석으로 시종일관하는 경우가 많았다.

개체란 주어로 되지만 술어로는 되지 않는 특질을 지니는 이상, 개체를 성립시키는 원리를 개체화의 원리로 하고, 그 원리가 '존재, 물체적, 동물, 이성적 ……'과 같은 가능한 한에서 사물을 자세히 분류하고 그 궁극에서 나타나 개체화를 성립시키는 것으로서 설정되는 것은 개체화의 문제에 어울리지 않는다.

내포나 개념에서가 아니라 지시나 외연에서 탐구하고자 하는 외연주의가 개체화론의 주류였다. 그러한 가운데 둔스 스코투스가 주장한 '이것임haecceitas'이라는 개념은 개체화를 성립시키는 내포적 규정이자 무언가의 개념에 대응하는 것으로 이해되었다. 스코투스는 개성을 중시하는 개체주의자이며, 근대적 개인주의 기원의 하나로서 지목되었다.

스코투스의 제자였던 윌리엄 오컴(1285년경~1347년경)은 개체주의자였지만, 유명론의 입장에 서서 개체화의 원리는 필요하지 않다고 생각했다. 만약 보편이 선행적으로 존재하고 그것에 개체화의 원리가 부가되어 개체가 생기는 것이라면 개체화론도 의미는 있지만, 오컴의 견지에서 보면 본래 존재하는 것은 개체뿐이고 보편은 개념일 뿐이다.

둔스 스코투스가 보편의 실재성을 이야기하는 실재론자이고 오컴은 유명론자이며, 이 두 사람 사이에 중세와 근세를 나누는 단절이 발견되어왔다.

이러한 해석에 대해서는 둔스 스코투스의 입장이 어떠한 것인지, 특히 오컴과의 사상에서의 거리에 대한 판정이 중요해진다. 둔스 스코투스의 논의는 복잡하게 뒤섞여 있지만, 스코투스도 보편과 개물의 관계를 분명히 타입과 토큰으로서 생각하는 부분도 있으며, 스코투스와 오컴이 실재론과 유명론이라는 대극에서 서로 대립하는 구도는 성립하지 않는다. 이와 같은 틀의 정리가 요구된다.

스코투스와 오컴, 각각의 보편론과 개체화론에 관련된 것은 한두 개의 논문으로 해결될 수 있는 것이 아니다. 양자는 존재론에서의 대단히 번거로운 개념을 둘러싸고서 격렬하게 대립했다. 그리고 실재론과 유명론이라는 중세와 근세를 나누는 분단이 거기서 발견되어 오기도 했지만, 종교 사상에서도 윤리 사상에서도 그리고 개체주의에서도 양자는 연속적이다.

양자의 관계는 존재론 안에서만 판정되는 것이 아니며, 사회적 측면과 종교적 측면까지 포함하여 검토되어야 한다.

13세기라는 시대

13세기에서의 개체 문제는 도시의 발전이라는 사회생활의 변화, 종교 제도에서의 고해 제도의 도입, 시민 계급의 발흥, 경제 활동의 발전 등 다면적인 변화에 호응하는 바가 있다. 그리고 신학·철학에서도 보편 논쟁이 활발히 논의되고 그 중심이 개체의 취급이었다는 점에서도 볼 수 있듯이, 개체는 중심 문제가 되어갔다. 그리스 철학에서 개체가 논의되는 장면은 많지 않았지만, 중세에 크게 변질했다. 개체라는 개념은 알기 쉽고 명료한 것이 아니다. '부분으로 분할되지 않는 것'이라는 본래부터 흔히 있는 설명으로는 의미를 잘못 잡게 된다. 부분이라는 것은 '타당한 여럿의 구체적인 예'라고 하는 것이기 때문에, 유일한 것이라는 설명 불가능한 것에 다다르게 되는 것이다. 따라서 개체라는 것은 이슬람 철학에서도 일본에서도 논의되는 일이 많지 않았을지도 모른다. 그렇다면 결여의 모습으로 있다고 하더라도 그것은 결여될 이유가 있는 것이다. 개체라는 개념이 지니는 문제성도 서양에 갇힌 문제가 아니다.

세계로 눈을 돌릴 때 도시화와 개인의 각성에 대응하는 현상이 보편적으로 발견될 것인가 살펴보자면, 그것은 쉽게 알아볼 수 있는 것이 아니다. 세계 전체를 일괄할 수 있는 앎의 생산 도식이 과연 가능할 것인가 하는 것은 이후의 과제이겠지만, 그 가능성의 맹아를 설정하는 것은 생각될 수 있다. 유라시아 대륙의 서쪽 끝과 동쪽 끝에서 서로 호응하기라도 하듯이 나타난 개인 영혼의 구원에 대한 눈길의 융성은 '세계철학'의 징조일지도 모른다.

☞ 좀 더 자세히 알기 위한 참고 문헌

— 자크 르 고프Jacques Le Goff, 『연옥의 탄생鍊獄の誕生』, 와타나베 가네오渡辺香
  根夫·우치다 히로시內田洋 옮김, 法政大学出版局, 1988년. 12세기에 성립한
  연옥 개념을 당시의 신학자가 어떻게 정식화해 갔는지를 정리한 명저.
— 아론 구레비치Aron Gurevich, 『중세 문화의 범주中世文化のカテゴリー』, 가와바
  타 가오리川端香男里·구리하라 시게오栗原成郎 옮김, 岩波書店, 1992년. 개인
  개념의 성립에 대해 시사하는 바가 풍부한 기술이 많다.
— 사카구치 후미坂口ふみ, 『천사와 보나벤투라 ― 유럽 13세기의 사상극天使
  とボナヴェントゥラ―ヨーロッパ13世紀の思想劇』, 岩波書店, 2009년. 13세기 중세
  철학의 양상을 토마스 아퀴나스와 비견되는 보나벤투라의 철학을 중심
  으로 생생하게 그려낸 연구서이다.
— 고바야시 이사오小林公, 『윌리엄 오컴 연구 ― 정치사상과 신학 사상ウィリ
  アム·オッカム研究―政治思想と神学思想』, 勁草書房, 2015년. 유명론자 오컴의 정
  치사상, 신학 사상, 철학 사상을 망라한 대 저작. 윌리엄 오컴 연구에
  인생의 많은 것을 쏟아부은 저자의 혼신의 역작이다.

칼럼 1

위클리프와 종교 개혁

사토 마사루佐藤 優

중학교와 고등학교의 교과서라면 종교 개혁은 1517년에 독일의 마르틴 루터(1483~1546)가 비텐베르크에서 대사부大赦符(이른바 면죄부)를 비판하는 「95개조의 논제」를 발표한 것을 계기로 시작되었다고 적혀 있다. 그러나 실제의 역사는 좀 더 복잡하다. 루터, 훌드리히 츠빙글리Huldrych Zwingli(1484~1531), 장 칼뱅(1509~1564) 등에 의한 16세기의 종교 개혁은 200년 가까운 교회 개혁 운동의 결과였다. 여기서 중요해지는 것이 15세기의 체코(보헤미아) 종교 개혁이다. 성직자로 칼레르(프라하)대학 학장이었던 얀 후스Jan Hus(1369년경~1415)는 교회에 의한 면죄부의 발행을 엄혹하게 비판했다. 그 과정에서 면죄부를 발행하는 교황의 권위를 의심하게 되었다.

후스는 잉글랜드의 존 위클리프John Wycliffe(1331년경~1384)의 저작으로부터 영향을 받아 교황과 추기경을 포함하는 모든 그리스도교인에 대해 성서가 최종적 권위라는 확신을 지니게 되었다. 교황도 성서에 의해 판가름되어야 하며, 성서에 따르지 않는 교황을 그리스도교인은 따라서는 안 된다고 후스는 주장했다. 당시 후스의 가르침에 공명하는 사람들은 체코어로 비클리프텐Vikliften(위클리프주의자)이라고 불렀다. 교회는 콘스탄츠 공의회에 후스를 소환, 이단 선고하고, 1415년 7월 6일에 화형에 처했다. 체코인들은 이에 반발하여 후스 전쟁을 일으켰다. 교회는 이것을 무력을 진압하지만, 후스파를 근절할 수 없었다. 16세기에 체코의 후스파는 루터파나 개혁파에 합류한다. 공의회에서 위클리프도 이단으로 선고되고, 유체를 파내어 불살라버리는 결정이 이루어졌다. 이 결정은 1428년에 이행되고, 남은 재는 스위프트 강에 버려졌다.

체코의 신학자는 후스의 종교 개혁을 제1차 종교 개혁, 루터, 츠빙글리, 칼뱅 등의 종교 개혁을 제2차 종교 개혁이라 부르고, 15세기와 16세기의 종교 개혁을 하나의 것으로서 파악해야 한다고 주장한다. 단일한 교회에 의해 사회가 통치되는 기구가 흔들렸다는 점에서 후스파의 종교 개혁은 종래의 교회 개혁 틀을 넘어섰다. 그 신학적 근거는 위클리프에 의해 형성되었다. 종교 개혁의 중심 원리는 '오직 성서'이다. 이 원리를 확립한 것도 위클리프이다. 위클리프도 다른 신학자들과 마찬가지로 교회만이 성서를 올바르게 해석할 수 있다고 생각하고 있었다. 다만 교회는 성직자만이 아니라 구원으로 예정된 모든 사람에 의해 형성되어 있는 까닭에, 성서는 민중에게 이해될 수 없는 라틴어가 아니라 세속의 언어로 번역되어 민중의 손으로 되돌려져야만 한다고 생각했다. 위클리프의 제자들은 성서의 영어 번역에 몰두했다. 오늘날 우리가 일본어를 포함한 세속 언어로 성서를 읽을 수 있는 것도 위클리프 덕택이다.

유럽(13세기)

노르웨이 왕국

스웨덴 왕국

웁살라

북해

덴마크 왕국

발트 해

독일 기사단령

브란덴부르크

작센

쾰른 ○

폴란드 왕국

뵈멘

○ 마인츠

프라하

크라쿠프

트리어

신성 로마 제국

빈

○ 아우크스부르크

부더 ○

콘스탄츠

헝가리 왕국

휘니

베네치아

밀라노 ○

베
네
치
아

네농

피사

공
화
국

제노바

로마

나폴리 ◉

살레르노

지

중

양 시칠리아 왕국

해

팔레르모 ◉

제2장

토마스 아퀴나스와 탁발수도회

야마구치 마사히로山口雅廣

1. 토마스 사상 체계의 기본적 특징

종교적 천재들의 세기

13세기는 동서양을 막론하고 수많은 종교적 천재들이 출현한 특필해야 할 세기이다. 실제로 일본으로 눈을 돌리면, 이 책 제9장에서 논의되는 것과 같은, 불교 사상사에 이름을 남기는 위대한 인물들이 잇달아 나타났다. 예를 들어 호넨法然(1133~1212) 문하의 한 사람으로 후에 정토진종淨土眞宗을 시작한 신란親鸞(1173~1263), 법화종法華宗을 창시한 니치렌日蓮(1222~1282), 그에 더하여 중국의 송나라로 가 스승에게서 법을 받고 조동종曹洞宗의 개조가 된 도겐道元(1200~1253)이 있다.

다른 한편 서구로 눈을 돌리면 이 장에서 다루는 토마스 아퀴나스(1225년경~1274)는 이 세기에 태어난 가장 위대한 그리스도교 사상가의 한 사람이다. 물론 그는 이상과 같은 일본 불교 사상사에서의 위인들과는 달리 새로운 종파를 시작한 것은 아니다. 그러나 그는 전통적인 그리스도교 세계 속에 있으면서 당시 새롭게 이제 막 성립했을 뿐인 '탁발수도회'의 하나, 설교자 형제 수도회(통칭 도미니크회)의 일원이 되고, 그들과 마찬가지로 다양한 비판을 받으면서도 종교적 세계의 쇄신으로 이어지는 숭고한 이념에 기초하여 고유한 종교 생활을 보낸다거나 그 비판에 반응한다거나 함으로써 자기 자신의 사상을 명확히 해갔다.

아래에서는 우선 토마스의 사상 체계와 탁발수도회 각각의 기본적 특징을 살펴본다. 그 후 토마스가 탁발수도회 수도사(도미니크회 수도사)로서 대학에서 휘말린 논쟁에 초점을 맞추어 최종적으로는 그가 생각하는 그리스도교적 삶의 이상의 일면을 그려내 보이고자 한다.

신앙과 이성의 조화와 『신학대전』의 구성

그런데 교과서적으로 표현하자면, 토마스의 사상사에서의 위대함은 그리스도교 신학에 철학을 받아들여 그리스도교 신앙과 이성이 조화를 이루는 장대한 체계를 구축했다는 점에서 인정된다. 실제로 그는 그리스도교 신학을 지반으로 하는 가운데 고대 그리스

이래의 플라톤주의 철학의 요소들과 아리스토텔레스 철학의 요소들을 멋들어지게 결합하여 실로 독창적인 사상 체계를 구축했다. 형식적으로나마 이 점을 확인하기 위해서는 그의 약 90개에 달하는 저작들 가운데서 비록 그 자신의 손으로는 끝내 완성할 수 없었다고 하더라도 그의 최고 걸작으로서의 평가는 움직일 수 없는 『신학대전』을 골라내 이 책이 어떠한 구성을 지니는지를 검토하면 좋을 것이다.

본래 이 책 이름 그 자체의 의미를 알기 쉽게 다시 말하자면, 신에 대해 논의하는 학문(신학) 전체에 걸친 개개의 지식을 그저 나열하는 것이 아니라 간결하고 명료하게 종합한 책(대전)이라는 것이다. 사실 토마스는 『신학대전』의 서문에서 분명히 드러나듯이 그리스도교에 관한 수많은 사항을 임기응변이 아니라 일정한 방식으로 구분하고 줄거리가 통하도록 정리하며 간명하게 논의할 것을 의도하고 있다.

이제 이 책의 가장 커다란 구성단위인 '부'에 주목하면, 이 책은 3부로 구분된다. 제1부의 주제는 신이다. 거기서는 우선 신의 본질과 삼위일체가, 다음으로 신의 창조가 논의된다. 제2부는 더 나아가 2부(제2부의 1과 2)로 나누어진다. 그렇지만 전체로서는 피조물로서의 인간이 신에게로 향하는 움직임을 주제로 한다. 제3부의 주제는 인간을 신에게로 이끄는 그리스도(구주)이다. 이상의 3부는 토마스의 비서가 덧붙인 제3부의 '보충'에 있는 것을 제외하고 모두 512개의 고찰되어야 할 논제('A에 대하여')를 내거는 '문제'를 포함하며, 그것들을 유기적으로 배열한다. 이상의 문제는 더욱더 철저히 세분되어 모두 2,669개의 특정한 논제('A는 B인가'라든가 'A는 있는가'라든가)를 다루는 '항'으로 나누어진다.

이리하여 『신학대전』에서는 방대한 수에 이르는 각 항의 논제가 차례대로 하나씩 주의 깊고 신중하게 검토되며, 각각의 특정 문제에 대한 해답이 착실하게 쌓아 올려져 간다. 각 문제의 논제에 대한 이해, 좀 더 말하자면 각 부의 주제에 관한 생각은 이러한 보석 세공처럼 정밀하게 짜 올려진 밀도 짙은 일련의 논의를 통해 심화하여 주어지게 된다.

『신학대전』의 구성과 '출발과 귀환'의 도식

그런데 『신학대전』의 이상과 같은 장대한 3부 구성 가운데 제1부와 제2부의 관계를 눈여겨보게 되면, 그 관계는 '출발과 귀환'이라는 도식에 따라 이해된다. 실제로 토마스가 신학의 주제 구분에 관해 『신약성서』 「요한 계시록」 제22장 제13절을 해석하여 주장하는 것을 참조하면, '신이 창조 전체의 알파이자 오메가이다.'(토렐Torrell, Jean-Pierre, 『토마스 아퀴나스 사람과 저작トマス·アクィナス 人と著作』) 이 주장을 부연하면, 신은 알파, 즉 사물들이 출발하는 시원이며, 또한 오메가, 즉 사물들이 귀환하는 종결·목적이기도 하다는 것이다. 그런데 제1부와 제2부는 각각 창조자로서의 신과 피조물로서의 인간의 신을 향한 움직임을 주제로 한다. 따라서

이 목적과 시원이라는 두 가지 관점으로부터의 신 이해가 이상의 두 개 부의 관계의 토대가 되었다고 보인다.

그러나 출발과 귀환이라는 도식 그 자체는 이상과 같이 제1의적으로 성서적으로 이해될 뿐인 것이 아니다. 그것은 플라톤주의 철학의 입장에 따라 이해될 수도 있다. 실제로 이 철학의 세계상에 따르면, 그 정점에 자리하는 일자는 이중으로 규정되어 있다. 일자는 다양한 것의 계층적인 출발의 시원일 뿐만 아니라 지성과 영혼이 귀환하려고 지향하는 목적·종결이기도 하다. 이 철학은 확실히 세계가 신의 자유로운 의지 결정으로 창조되었다거나 인간이 자유의지에 의해 선을 행하기 위해서는 신의 은혜가 필요하다는 것과 같은 그리스도교 신학에 고유한 주장을 지니는 것이 아니다. 그렇지만 이상과 같은 그 세계상에는 이제 막 언급한 그리스도교적 세계상에 친화적인 점이 있다는 것은 확실하다. 그리하여 이 철학이 『신학대전』 제1부와 제2부의 이상과 같은 관계에 간접적이긴 하지만 영향을 미치고 있다고 볼 수도 있는 것이다.

마지막으로 『신학대전』 제2부의 구성에 초점을 맞추어 말하자면, 그 구성은 큰 틀에서이기는 하지만, 아리스토텔레스 『니코마코스 윤리학』의 그것을 따르고 있다는 것이 이해된다. 실제로 후자는 인생의 목적으로서의 행복에 관한 논의와 그 실현에 불가결한 용기·절제·정의·사려로 대표되는 덕들에 관한 논의로 시작되며, 관조적 생활과 활동적 생활이라는 무언가의 의미에서 행복에 값하는 두 가지 생활에 관한 논의로 끝난다. 그리고 앞 저작의 구성을 자세히 보면, 당연히 뒤 저작의 그것에는 없는, 예를 들어 원죄에 관한 논고나 신앙·희망·사랑이라는 신학적 덕들에 관한 논고, 그에 더하여 그리스도교적 수도제에 관한 논고가 포함된다. 그렇지만 뒤 저작의 이상과 같은 구성 그 자체가 앞 저작의 구성 안으로 받아들여져 있다는 것은 쉽게 인정된다.

12세기 르네상스와 토마스

그런데 토마스의 이상과 같은 특색 있는 사상 체계가 태어나는 데 이바지한 서구 중세의 역사적 사실이란 무엇인가 하면, 그 하나는 말할 필요도 없이 '12세기 르네상스'이다. 중세의 이 르네상스는 전형적으로는 이슬람권 또는 비잔틴 제국에서 가져온 그리스·로마의 수많은 중요한 학술 문헌을 라틴어로 번역하는 것을 그것의 가장 주요한 측면들 가운데 하나로 한다. 이러한 대규모 번역 운동이 계기가 되어 서구 13세기에는 아리스토텔레스 저작 집성 전체가 모습을 나타내고, 연구가 전진할 수 있도록 해갔다. 예전처럼 아리스토텔레스의 논리학서 일부만이 알려지고 연구되는 상황이 새롭게 변화되었다. 그 결과 아리스토텔레스 철학은 어떻게 해석되어야 하는가 하는 것은 물론이고 본래 수용되어야 하는가 하는 것마저 새롭게 묻게 되었다.

당시의 지식인들은 이 과제를 공통으로 부과받고 다양한 해답을 제출하게 되었다. 그 가운데에는 그리스도교의 가르침을 충분히

고려하지 않고서 이슬람권을 대표하는 아리스토텔레스 철학의 주석가 가운데 한 사람인 아베로에스(1126~1198)를 따라 그 철학을 해석하려고 하는, 나중의 '계몽사상가'의 원형과 같은 지식인(라틴 아베로에스주의자)들도 있었다. 또한 종래 철학의 주류였던 플라톤주의 철학의 체계를 바탕으로 하는 아우구스티누스(354~430)로까지 소급되는 전통 속에서 그 전통을 보강하기 위해 아리스토텔레스 철학을 원용하는 데 그치는 보나벤투라(1217년경~1274)와 같은 '보수적'인 지식인도 있었다.

그러한 가운데 토마스 자신은 어땠을까? 그는 말하자면 라틴 아베로에스주의자와 보나벤투라의 중간에 있었다. 그는 확실히 전자와 같이 아리스토텔레스 철학을 적극적으로 수용하려고 했다. 그러나 후자와 마찬가지로 무조건 그러한 것은 아니었다. 토마스는 이 철학에 대해서뿐만 아니라 플라톤주의 철학에 대해서도 비판적 태도로 임하고, 어느 쪽 철학으로부터도 많은 것을 배우면서, 그러나 근본적인 점에서는 독자적으로 다시 해석함으로써 그 자신의 그리스도교 신학 체계에 대거 받아들였다. '철학의 연구는 사람들이 어떠한 생각을 지녔는지를 아는 것이 아니라 사항의 진리가 어떠한지를 아는 것을 목표로 한다'(『천체론 주해』)라는 그의 말에서 이와 같은 태도의 중시를 엿볼 수 있다.

따라서 바로 앞에서 '중간'이라고 말했지만, 거기에는 토마스가 양자 사이에 매몰된 평범한 한 사상가라고 하는 의미는 전혀 없다. 오히려 양자 사이에서 높고도 당당히 솟아 있다. 토마스는 플라톤주의 철학과 아리스토텔레스 철학으로 구성되는 사유의 역동성 속에서 그 자신의 신학적인 사상을 멋들어지게 꽃피우고 있다. 그가 아리스토텔레스 철학의 '존재' 개념을 해석하여 신을 '존재의 순수 현실태'로서 규정하고, 그 위에서 다음 장에서 논의하게 되는 날카로운 존재 해석을 또다시 플라톤주의 철학의 '분유'론에 결부시켜 신과 피조물의 관계를 '자존하는 존재 그 자체'와 '분유에 의해 존재하는 것'의 관계로서 설명하려고 한 것은 그것의 가장 중요한 예 가운데 하나이다.

이하에서는 토마스의 이상과 같은 특징 있는 사상의 형성에 크게 이바지한 12세기 르네상스 이외의 다른 서구 중세의 몇 가지 역사적 사실 가운데 탁발수도회, 특히 도미니크회가 13세기 초에 창설된 것, 나아가 얼마 되지 않아 이 수도회가 파리대학이라는 당시 학문과 교육의 중심지로 활동의 장소를 넓혀 간 것에 주목하고자 한다.

2. 탁발수도회의 기본적 특징

탁발수도회에서의 사도적 생활 이념과 그 실천

수도회란 극히 일반적으로 말하면, 그리스도교에서 서원(청빈·정결·순종)이라고 불리는 특별한 맹세를 세우고, 그 맹세와 계율에 따라 생활하는 사람들, 요컨대 수도사들로 이루어진 공동체를 말한다. 도미니크회와 함께 작은 형제들의 수도회(통칭 프란치스코회)로 대표되는 탁발수도회는 전혀 새로운 종류의 수도회로서 13세기 초에 나타났다. 종래의 전통적인 수도회에서는 배경으로 물러나 있던 생활상의 어떤 이념을 실천한 것이다. 따라서 탁발수도회 수도사들이 보내는 생활은 당시 사람들의 눈에는 신기한 것이거나 쇄신된 것으로 비치고 있었다.

실제로 클뤼니 수도원은 10세기에 시작되어 11세기에 전성기를 맞이한 전통적인 수도원의 대표이다. 그 발전의 정점에 도달했을 때는 수도원 내부에서 죽은 자의 추도를 위한 기도를 비롯한 기원에 전념하고, 필사 생활을 주로 하는 손노동에는 종사하더라도 농경과 같은 육체노동에는 종사하지 않는 것을 가장 좋은 것으로 여기는 생활을 꾸려갔다. 청빈을 취지로 하는 까닭에 개인의 재산은 포기하는 한편, 영지가 수도원의 재산으로서 공유되어 이상과 같은 관조적 삶을 뒷받침하기 위한 농작물이나 화폐와 같은 수단을 충분히 보장했다.

그러나 탁발수도회는 『신약성서』 「사도행전」을 중심으로 그려지는 것과 같은, 그리스도의 사도들이 보냈다고 믿어지는 생활('사도적 생활')로 회귀할 것을 대단히 명확하게 지향하고, 독특하고 철저한 청빈을 취지로 하여 개인의 재산은 물론 공유 재산도 전면적으로 포기했다. 동시에 관조적 생활을 업신여긴 것은 아니며, 기도하는 것을 소중히 여기는 한편, 수도원 밖으로 나가 사회

속에서 탁발 행각을 하고, 만난 민중으로부터 베풀어지는 희사에 자신들이 살아가기 위한 양식을 의지했다.

탁발수도회는 더 나아가 종래의 수도회와는 많이 다르게 농촌적 환경이 아니라 도시적 환경 속에 생활과 활동의 거점을 놓았다. 이러한 새로운 수도회의 눈에는 당시에 발전이 두드러졌던 도시의 주민들이 물건과 부에 대해 탐욕스럽고 악덕에 물들 수 있는 사람들로 비쳤으며, 따라서 설교를 통해 복음이 전해져야 할 상대인 것으로 보이고 있었다. 설교에 의한 복음 선교 역시 이런 종류의 수도회가 이념으로 하는 사도적 생활의 중요한 일면이었다.

도미니크회에서의 설교와 면학의 중시

탁발수도회 전체가 당장은 위와 같이 특징지어진다고 하더라도, 도미니크회에 창설 당시의 고유한 특징으로 분명하게 그 첫째는 설교하는 것이었고, 그 준비로서의 면학·학문 연구에 전념하는 것도 대단히 중시하면서, 그러한 점을 회원에게 계속해서 요구했다는 점이다.

본래 도미니크회는 구스만의 도미니크(1170~1221)가 그의 동료들과 함께 교황 호노리우스 3세(재위 1216~1227)로부터 정식 인가를 얻어(1216년) 설립된 수도회이다. 그 정식 명칭에 포함되어 있듯이 처음부터 복음을 설교하는 것을 사명으로 하고 있었다. 당시에 설교하는 것은 주교에게 고유한 일이며, 그 사명을 수행하는 것은 그의 인가를 얻을 필요가 있었다. 도미니크는 주교가 아니라 교황의 인가를 얻음으로써 특정 주교구에 한정되지 않고서 자유롭게 설교할 수 있게 될 것을 요구했다.

물론 그는 그저 설교할 수 있기만 하면 된다고 생각한 것이 아니다. 설교는 뛰어나고 틀림이 없는 정통한 것이어야 한다고도 생각하고 있었다. 실제로 그는 13세기 초의 남프랑스에서 당시 대단히 기세가 왕성했던 카타리파라고 불리는 그리스도교 이단 사람들을 그리스도교의 정통 신앙으로 되돌리는 활동에 종사하고 있었다. 그때 그들과의 접촉을 계기로 하여 신앙을 근원적으로 재검토하고 사도적 생활의 이념으로 되돌아오며, 그들 사이에서 볼 수 있는 무소유의 생활을 보냈다. 동시에 그는 설교로써 그들을 설득하거나 토론을 통해 그들의 잘못을 논박하거나 하기 위해서는 신구의 두 성서와 신학적 저작들에 관한 지식의 습득과 그에 대한 깊은 이해가 필요하다는 것을 배우기도 했다. 도미니크회의 원초 회헌會憲이 회원에 대해 설교에 임하여 열성을 가지고 그것을 행할 수 있게 되기 위해서는 때와 장소를 가리지 않고 면학에 몰두할 필요가 있다고 말하며 '부단한 면학'을 권고하고 있는 것은 이 회헌이 창설자의 위와 같은 생각도 반영하는 것인 한에서 당연한 일이었다.

더 나아가 도미니크가 수도회의 공식 인가를 얻자마자 회원 일부를 주요한 대학이 있는 파리나 볼로냐와 같은 도시로 파견하고 교육을 받도록 한 것도 이상과 같이 복음을 설교하는 데는 풍부한 학식이 필요하다고 그가 생각하고 있었다는 것을 뒷받침한다. 이렇게 하여 대학 도시에 수도회의 회원을 파견한다든지 수도원을 세운다든지 하는 것은 동시에 대학에서 공부하는 학생에게 이 수도회의 매력을 전하고 수도회로의 입회를 권고하는 효과도 가져왔다. 토마스의 스승이 되는 알베르투스 마그누스(1200년 경~1280)와 토마스가 각각 파도바대학과 나폴리대학에서 공부하고 있을 때 도미니크회 수도사와 알게 되고 입회로 이끌리게 되는 토대는 이렇게 구축되어갔다.

3. 파리대학과 탁발수도회

파리대학으로의 탁발수도회의 진출과 재속 성직자들과의 알력의 발생

그런데 도미니크회는 방금 언급했듯이 대학 세계에 일찌감치 진출하여 1229년 시점에 파리대학 신학부에 있었던 12개의 강좌, 즉 정교수 자리를 1230년에는 두 개를 획득할 정도로 세력을 확대하고 있었다.

또 하나의 대표적인 탁발수도회인 프란치스코회를 살펴보자. 창설자 아시시의 프란체스코 자신은 학문을 성서에 대한 이해에 이바지하는 것으로서 파악하고 그에 대한 경의를 지니고 있었다.

그러나 학문을 배워 익히는 데 대해서는 경계를 품으며, 동료를 대학 세계로 들여보내는 것에는 적극적이지 않았다. 학문을 배워 익히는 것에는 책이라는 당시의 값비싼 사치품의 소유가 필요해진다. 그런 의미에서는 그의 청빈의 이상에 저촉될지도 모르는 것이었다. 그렇지만 프란치스코회도 머지않아 설교자를 양성하는 데에 따르는 연구·교육의 필요성을 인정하고, 창설자의 의향과는 달리 대학 세계에 진출하여 1236년경에는 위 강좌의 하나를 확보하게 되었다.

이렇게 해서 탁발수도회에 소속한 신학부 교수가 출현한 일은 탁발수도회 수도사들과 그때까지 파리대학 신학부 교수 자리를 차지해온 '재속'이라고 형용되고 어느 수도회에도 소속하지 않는 성직자들과의 사이에 심각한 알력을 불러일으키게 되었다.

그 첫 번째 이유는 후자가 획득할 수 있는 강좌 수가 늘어난 것이 아니었던 까닭에, 전자의 강좌 획득이 후자의 강좌 수 감소로 이어졌다는 것에서 찾아진다. 둘째, 전자의 학식은 후자가 보아도 풍부한 것이었다는 점, 나아가 학생이 후자의 수업을 받기 위해서는 수업료를 지급할 필요가 있었던 데 반해, 전자의 수업을 받기 위해서는 그럴 필요가 없었기 때문에 후자가 전자에게 학생을 빼앗기고 수입이 감소했던 점도 그 이유이다. 셋째, 전자가 후자와 함께 교수단을 구성하게 된 후에도 여전히 수도회라는 대학과는 다른 조직에 직속해 있었던 까닭에 수도회의 의향을 우선하고 대학의 규정에 따르지 않는 일이 있었다는 점도 그 이유로서 거론된다. 물론 기본적으로 후자는 전통적이고 보수적인 입장에 있고, 따라서 후자의 눈에는 전자의 수도 생활이 '신기'하고 탄핵당해야 할 이단의 두려움마저 있는 것으로 보일 여지가 있었다는 점도 그 이유이다.

재속 성직자들과의 논쟁 발생과 토마스에 의한 학문 연구와 설교의 긍정론

이리하여 1250년대에는 탁발수도회 수도사들을 신학 강좌에서 밀어내려는 움직임이 표면화하고, 나아가서는 탁발수도회를 그 이념을 포함하여 격렬하게 공격하는 자들이 재속 성직자들 가운데서 나타났다. 그 지도자적인 존재는 신학부 교수 생타무르의 기욤(1200년경~1272)이었다. 기욤은 그 자신의 증언을 따르면 공동으로 그 공격문인 『최근의 위험에 대하여』(1256년)를 저술했다. 이 글에서 그는 탁발수도회 수도사들을 성서에서 예언된 세상의 종말 때 교회에 위험을 초래하는 자들과 결부시켰다. 예를 들어 『신약성서』「디모데후서」 제3장 제7절을 해석하여 항상 배워도 언제까지라도 '말'의 진리 인식에밖에 도달할 수 없으며, '삶'의 진리에 대한 인식에는 도달할 수 없는 자들로서 탁발수도회 수도사들을 암암리에 그려내고, 그들을 무익할 뿐만 아니라 해롭기조차 한 설교를 하는 '가짜 설교자들'이라고 간주했다.

탁발수도회의 존재 이유를 흔들 수도 있는 기욤 등으로부터의 이상과 같은 격렬한 공격에 대해서는 프란치스코회 측이나 도미니크회 측으로부터 곧바로 반론이 이루어졌다. 후자 수도회의 대표가 되어 그들의 논의를 찾아내 수집하면서 『신에 대한 예배와 수도 생활을 공격하는 사람들을 논박함』(1256년)을 저술하거나 관련이 있는 토론을 주재함으로써 탁발에 의한 수도 생활을 옹호하는 논진을 펼친 것은 이제 막 파리대학 신학부 교수가 된 소장 기예의 토마스였다.

이 글에서의 토마스의 반론을 조금 살펴보자. 그는 이제 문제가 된 성구를 다루어 다음과 같이 말한다. '연구가 신앙의 진리나 올바름으로부터 멀어지게 만드는 사람들'의 경우에는 정말이지 앞의 성구에 있듯이 항상 배우더라도 진리의 인식에 도달할 수 없는 일이 일어난다. 따라서 신앙의 진리가 올바르게 살아가는 것을 가능하게 하는 진리로서 삶의 진리를 가리킨다고 하면, 토마스는 기욤 등의 주장을 부분적이기는 하지만 인정하게 된다. 그러나 토마스는 연구가 신앙의 진리나 올바름에 접근할 수 있게 해주는 사람들의 경우에는 그렇지 않다는 것을 시사하고 있기도 하다. 결국 토마스는 기욤 등의 주장과는 반대로 수도자에 의한 학문 연구가 바로 그 수도자를 신앙의 진리에 접근할 수 있게 하는 일이 있다는 것을 보여주려고 한다. 이것은 더 나아가서 수도자에 의한 설교가 바로 그 수도자의 그 진리에 관한 학식에 뒷받침되며, 가르침에 적합하고 유익한 동시에 진실한 것으로 될 수 있다는 것을 긍정하고 그 설교를 옹호하는 것으로 이어지는 것이다.

논쟁의 재개와 토마스에 의한 청빈과 탁발의 긍정론

토마스가 이상과 같은 '탁발수도회 논쟁'에 관여한 것은 그의 최초의 파리대학 교수 시기(1256~1259)에서만이 아니다. 그보다 약 10년 후에 시작되는, 요컨대 그가 사상적 성숙기를 맞이하는 두 번째 파리대학 교수 시기(1268~1272)에도 그러했다. 그는 이 시기에 라틴 아베로에스주의자들이나 보수적인 신학자들과도 논전을 벌이는 한편, 소속된 수도회의 존립 여부에 관계되는 이 논쟁에도 다시 가담했다.

토마스가 첫 번째 파리 시기에 직면한 이 논쟁 그 자체는 확실히 일단은 수습을 향하고 있었다. 교황 알렉산데르 4세(재위 1254~1261)가 탁발수도회 측에 서서 기욤을 단죄하고(1256년), 그편에 서 있던 신학부 교수단의 대표자가 그 논쟁에서의 패배를 공개적으로 인정하기에 이르렀다(1257년).

그러나 1266년에 같은 종류의 논쟁이 다시 불붙을 조짐을 보이고 있었다. 파리에서 추방되었다고는 하지만 출신지에서 건재했던 기욤이 『최근의 위험에 대하여』의 가필 증보판과 같은 다른 한 책을 저술하여 교황 클레멘스 4세(재위 1265~1268)에게 보냈다. 게다가 이 교황의 사후 3년간에 걸쳐(1268~1271) 교황이 새롭게 선출되지 않았는데, 탁발수도회 측을 지지할지도 모르는 이 고위 성직자의 부재가 계속된 것은 재속 성직자들에게 있어 이 수도회 수도사들에 대한 속마음을 밝히기에 형편이 좋았다. 이러한 상황에서 이번에는 신학부 교수 아브빌의 게라르두스(1272년 사망)가 재속 성직자 측에서의 중심적인 입장을 떠맡아 토론을 주재하거나 설교를 하거나 하면서 논쟁을 재개했다. 그는 이전의 동료 기욤의 신봉자이자 그와 서간을 계속해서 주고받고 있었다.

이리하여 토마스는 다시 도미니크회의 대표자가 되어 토론을 주재하거나 설교를 하거나 나아가서는 논쟁적 저작을 저술하면서 게라르두스 등에게 반론했다. 토마스는 이 두 번째 파리 시기의 마지막에 『신학대전』 제2부의 2를 저술했는데, 거기에는 이번 논쟁에서의 논의도 재료로서 들어가 있다. 이제 그 마지막 부분, 특히 제186문제와 제187문제에 근거하여 이번에도 주요한 논점이 된 탁발과 청빈이라는 탁발수도회의 근간에 관계되는 토마스의 견해 그 자체에 대해 언급해두고자 한다.

당연한 일이긴 하지만, 토마스는 탁발도 청빈도 긍정하고 옹호한다. 그 까닭은 무엇인가? 우선 청빈인데, 이 특수한 상태는 수도 생활이 완전한 것이 되기 위한 제1의 기초로서 요구된다. 본래 이 생활의 완성은 그리스도교의 이른바 '가장 중요한 계명'의 준수, 즉 제1의적으로는 마음을 다하여 신을, 제2의적으로는 자신처럼 이웃을 사랑함으로써 이루어진다. 그러나 부나 재산이 되는 현세적 사물들을 사적으로 소유하면, 그 소유자의 정신은 그 사물들을 사랑하는 것으로 이끌리거나 산만한 것이 되거나 하여 그 사람은 위와 같은 생활을 완성하는 것을 방해받을지도 모른다.

따라서 그 생활의 완성을 위해서는 무엇보다도 『신약성서』 「마태오의 복음서」 제19장 제21절에 있듯이 사적인 소유물 모두를 포기하는 것이 요구되는 것이다.

다음으로 탁발인데, 이 특수한 행위는 두 가지 관점에서 수도자에게 허용된다. 첫째로 탁발은 겸손을 몸에 익히기 위한 수단으로서 허용된다. 실제로 탁발은 타자로부터 먹을 것을 얻지 않으면 안 될 정도로 매우 궁핍한 상황에 있는 사람에게서 보이는 것과 같은 모종의 비천함이라는 관념과 결부되어 있다. 따라서 이 행위는 타자를 자기 아래 두는 것을 가능하게 하는 오만이라는 악덕을 가장 효과적으로 깨부순다. 다른 한편으로 이 악덕과는 반대로 자기를 타자 아래 두는 것을 가능하게 하는 겸손이라는 덕을 함양한다. 둘째로 탁발은 생활의 양식을 얻기 위한 유일한 수단으로서나 공동의 이익을 가져오는 것을 성취하는 데 불가결한 기부를 받기 위한 수단으로서 허용된다. 교회가 세워지는 것이나 수도자가 성서의 면학에 전념할 수 있게 되는 것이 후자의 이익을 가져오는 것의 사례이다.

탁발수도회가 이단의 의심을 받기까지 한 주된 이유는 전통적인 수도회에서는 볼 수 없는 철저한 청빈과 탁발에 있었다. 토마스는 두 번째 파리 시대에도 위에서 일부를 보았던 것과 같은 그 긍정론을 전개하고, 그에 대한 옹호를 통해 탁발수도회가 파리대학 신학부에서, 나아가서는 서구 그리스도교 세계에서 차지하는 지위를 한층 더 견고한 것으로 만드는 데 크게 공헌했다. 탁발수도회 논쟁 그 자체는 기욤과 게라르두스가 1272년에 잇따라 사망함에 따라 종지부를 찍었다.

그리스도교적 삶의 이상의 일면

마지막으로 『신학대전』 제2부의 2의 주로 제188문제에 준거하여 토마스가 이상과 같은 논쟁을 통해서도 명확히 하기에 이른 수도 생활의 가장 좋은 이상에 빛을 비추어보자. 이것으로 그가 생각하는 그리스도교적 생활의 일면을 살펴볼 수 있을 것이다. 이 생활은 아리스토텔레스 『니코마코스 윤리학』 제10권에서도 유래하는 관조적 삶과 활동적 삶이라는 용어를 사용하여 논의된다. 토마스는 이러한 두 종류의 삶을 수도 생활과 관련하여 어떻게 설명하는 것일까?

토마스가 이제 관조적 삶이라고 부르는 것은 주요한 의미에서는 신과 여러 가지 신적 사항을 인식하거나 고찰하는 것으로 질서 지어져 있는 종류의 삶이다. 다른 한편 그가 이제 이 삶과 대치시키는 바의 활동적 삶이란 행위들 가운데서 설교나 청죄聽罪와 같은 직접적으로 다른 사람들의 혼의 구제를 목적으로 하는 행위를 주요한 행위로 하여 그 행위를 향해 질서 지어져 있는 종류의 삶이다.

이상과 같은 삶의 구분은 언뜻 보면 신과 인간이라는 양극단에 각각 전념할 것이 요구되는 상호적으로 대립적인 두 종류의 삶이 있다는 것을 의미하는 것으로 보일지도 모른다. 실제로 토마스가 인정하듯이 활동적 삶은 관조적 삶과는 무관계한 것으로서 보이는 경우가 있다. 전자의 삶에는, 예를 들어 물품을 보시한다거나 손님을 맞이한다거나 하는 것과 같은 전면적으로 대외적인 활동에 존립하는 행위가 포함된다.

그러나 토마스의 강조점은 거기에 놓여 있지 않다. 그가 무엇보다도 명확히 주장하는 것은 위와 같은 두 종류의 삶이 이상적으로는 한층 더 높은 차원에서 연속적·통일적인 것으로서 발견된다는 점이다. 실제로 그는 활동적 삶의 행위들 가운데는 관조의 넘쳐흐르는 풍부함에서 나오는 교수와 설교와 같은 행위가 포함된다고 하면서 다음과 같이 말한다. '단지 빛날 ['빛을 볼'이라는 다른 읽기가 있다] 뿐인 것보다 비추는 쪽이 한층 더 우월하다. 이것과 정확히 마찬가지로 단지 관조할 뿐인 것보다 관조된 성과들을 다른 사람들에게 전하는 쪽이 한층 더 우월하다.'

이 장의 처음에서 확인했듯이 『신학대전』 제2부는 '알파'인 신에 의해 창조된 인간이 '오메가'인 신으로 귀환하는 움직임을 주제로 한다. 이 책 제2부의 말미에 놓인 그리스도교적인 삶의 이상은 이 책 제3부에서 주제적으로 논의되는 그리스도를 매개로 해야만 한다고 할지라도, 그와 같은 신에게로 향하는 인간 움직임의 최고의 형태를 그려내고 있다.

☞ 좀 더 자세히 알기 위한 참고 문헌

— 이나가키 료스케稻垣良典, 『토마스 아퀴나스トマス·アクィナス』, 講談社学術文
庫, 1999년[원본은 『인류의 지적 유산 20人類の知的遺産20』, 講談社, 1979년].
토마스의 생애와 주된 사상에 관한 상세한 해설 및 그에 더하여 그의
다양한 저작으로부터의 풍부한 발췌 역을 한 권의 책으로 묶고 있다.
토마스의 전체상을 파악하기에 대단히 편리하다.

— 사토 쇼이치佐藤彰一, 『검과 청빈의 유럽 — 중세의 기사수도회와 탁발수
도회劍と清貧のヨーロッパ — 中世の騎士修道会と托鉢修道会』, 中公新書, 2017년. 부제
에 놓여 있는 두 수도회의 유래와 변천의 상세한 것들을 밝히는 통사.
이 장과 관련해서는 제6장으로부터 제8장에 걸친 기술이 매우 참고가
된다.

— 장–피에르 토렐Jean-Pierre Torrell, 『토마스 아퀴나스. 그 사람과 저작トマス·
アクィナス 人と著作』, 『토마스 아퀴나스. 영성의 교사トマス·アクィナス 靈性の教
師』, 야스이 아키히토保井亮人 옮김, 知泉学術叢書, 2018~2019년. 원저는
20세기 말의 초판 간행 이래로 개정을 거듭해온 토마스 연구를 위한
방대한 입문서. 이런 종류의 저작으로서는 현시점에서 가장 좋은 것이다.

— 야마모토 요시히사山本芳久, 『토마스 아퀴나스 — 이성과 신비トマス·アクィ
ナス — 理性と神秘』, 岩波新書, 2017년. 토마스의 사상을 알기 쉽게, 게다가
깊이 이해할 수 있도록 주도면밀하게 배려해서 저술된 대단히 뛰어난
연구 입문서. 그의 근본정신, 중요 덕론, 신학적 덕론, 육화론을 중심으로
논의한다.

칼럼 2

토마스 아퀴나스의 정의론

사사키 와타루佐々木 亙

　정의란 무엇인가? 이 물음은 다양한 시대에 모종의 보편성을 지니고
서 사람들에게 다가왔다. 추상적인 논의에서도 절박한 상황 판단에서
도 이 물음은 인간 삶의 방식의 근본에 관계한다. 그리고 인류는 이
물음에 관한 궁극적인 대답에는 아직 이르러 있지 않다. 그러나 법에
관한 이해로부터 어느 정도의 전망은 가능하다.

　예를 들어 근간에 그의 과격한 정치사상으로 주목받고 있는 파도바
의 마르실리우스(1275/80~1342/43)에게 있어 법이란 인간이 제정한
'인정법'이며, 정의도 기본적으로 인정법의 틀 내에서 말해지고 있다.

　이에 반해 마르실리우스가 태어나기 조금 전에 죽은—즉, 시대적으
로 근접한—중세를 대표하는 사상가인 토마스 아퀴나스에게서 법이
란 무엇보다도 '자연법'이다. 인정법은 '오직 자연법으로부터 도출되는
경우에만 법으로서의 성격을 지닌다.' 자연법이란 '영원법'의 분유이
며, 자연 본성적 경향에 준거하여 인간을 '공동선'이라는 공동체 전체에
관계하는 보편적인 선으로 질서 짓는다. 그리고 현실적으로 인간을
공동선으로 질서 짓는 덕이 다름 아닌 '정의'이다. 따라서 자연법이든
정의이든 인간에게 있어 내재적인 동시에 초월적이다.

　정의의 특징은 첫째로 '타자'에 관계한다는 점이며, 이로부터 정의는
분류된다. 우선 공동체 전체로서의 타자에 관계하는 정의가 '법적

정의'인데, 인간은 이 정의에 따라 공동선을 향해 직접적으로 질서 지어진다. 이에 반해 통상적인 의미에서의 개별적인 타자에 관계하는 정의가 '특수적 정의'인데, 이 정의는 더 나아가 전체의 부분에 대한 '배분적 정의'와 부분의 부분에 대한 '교환적 정의'로 나누어진다.

우리의 사회는 다양한 배분과 교환으로 이루어져 있으므로 이러한 정의들은 공동체의 근간을 형성한다. 그런데 교환에 필요한 재화는 무언가의 방식으로 미리 배분되어 있어야만 한다. 따라서 교환적 정의는 배분적 정의를 전제한다. 실제로 신의 정의는 배분적 정의로서 이해되며, '신은 각각의 것에 그것의 본성과 상태라는 성격에 따라 그것에 마땅히 그래야 하는 것을 줄 때 정의를 수행하고 있다.'

다만 개별적인 타자의 선도 공동선을 향해 질서 지어져 있다. 그리고 공동선에의 경향에 준거하는가 아닌가 하는 점으로부터 아퀴나스의 정의론에서는 명확한 방향성이 인정된다. 이 점은 현대에도 대단히 중요한 의미를 지닌다. '무엇이 옳은가'하는 것은 공동선을 향한 방향성으로부터 판단하는 것이 가능하며, 거기에 개인주의와 상대주의를 극복하는 지평이 펼쳐져 있는 것이다.

제3장

서양 중세에서의 존재와 본질

혼마 히로유키本間裕之

1. 역사 속의 중세 철학

교사 아리스토텔레스

이 장에서 다루는 13세기 초부터 14세기 중엽에 걸친 중세 유럽에서의 스콜라 철학에 대해서는 우선은 아리스토텔레스 철학과의 관계로부터 이야기를 시작하고자 한다. 이 그리스 철학자는 초기 중세에는 『범주론』이나 『명제론』과 같은, '오르가논'이라고 불리는 논리학 저작의 일부에 의해서밖에 알려지지 않았다. 그러나 12세기 말부터 13세기경에는 이슬람 세계를 거쳐 아리스토텔레스의 거의 완전한 저작집이 라틴어로 번역되었다. 이러한 다양한 시대와 지역 문화의 교차 위에서 중세의 철학은 하나의 전기를 맞이한다.

당시의 대학에서 아리스토텔레스는 중요한 권위를 지닌 한 사람으로서 다루어지고, 대문자의 '철학자'로 지명되게 되며, 당시의 철학적인 책의 곳곳에서 인용되었다. 나아가 중세 학자들은 오르가논, 『니코마코스 윤리학』, 『혼에 대하여』, 『자연학』, 『형이상학』과 같은 아리스토텔레스의 저작을 공부하고, 그 저작들에 대한 엄청나게 많은 양의 주해를 집필했다. 이 시대에 아리스토텔레스의 영향력은 대단히 크며, 때로는 그의 테제가 논증 없이 참된 것으로서 전제되거나 그의 학설에 반대한다는 이유로 무언가의 주장이 기각되는 일도 있었다. 이러한 의미에서 아리스토텔레스는 중세 학자들의 교사였다고 말할 수도 있을 것이다.

그러나 일반적으로 교사가 반드시 무조건 따르고 복종해야 할 존재가 아니듯이 중세 학자들도 언제나 아리스토텔레스를 따르고 있었던 것은 아니었다. 위에서 말했듯이 많은 경우 아리스토텔레스의 논의는 높은 신뢰를 획득하기는 했지만, 전혀 비판되지 않았던 것은 아니다. 예를 들어 둔스 스코투스는 아리스토텔레스를 따라 잘못된 결론을 끌어내기보다 아리스토텔레스에게 동의하지 않고서 옳은 결론을 끌어내는 쪽이 합리적이라고 생각하고, '아리스토텔레스에게 찬성한다는 것은 철학하는 것도 아니고 신학적으로 생각하는 것도 아니다'(『오르디나티오』, 제2권 제3구분 제7문제)라고 말하고 있다. 요컨대 아리스토텔레스는 이 시대의 학자들에게 있어 학문의 규범이나 종점이 아니라 오히려 하나의 출발점이 었다. 그들을 가르치고 이끈 교사 아리스토텔레스는 동시에 중세 학자들이 스스로 철학하고 신학적으로 생각하는 데서의 대화 상대 또는 검토하고 격투를 벌여야 할 첫 번째 상대였다고 말할 수 있을 것이다.

망각과 재개

이처럼 그들은 아리스토텔레스 철학을 수용하고 배우면서, 그러나 거기에 머무르지 않고서 독자적인 철학을 발전시켜 갔다. 그러나 아리스토텔레스와의 대화 속에서 쌓아 올려진 치밀한 철학 체계는 때에 따라서는 너무 번거로운 것으로서 소외당하고, 데카르트 이후의 시대에는 스콜라 학자들이 아리스토텔레스로부터 이어받아 다듬어낸 개념들은 대부분 그 명칭만을 남길 뿐, 그 개념과 결부되어 있었을 학설의 다수는 잊혀버렸다. 근세 이후에는 '스콜라 철학'이라는 말에는 수많은 부정적인 인상이 새겨지며 오랫동안 등한히 여겨져 왔다.

그러나 이러한 사정은 스콜라 철학이 철학사 속에서 중요성이 없는 허무였다는 것을 의미하지 않는다. 이 점은 이미 에티엔느 질송을 비롯한 중세 철학사 연구의 대가들에 의해 밝혀져 왔다. 중세 철학이 암흑에 뒤덮인 것이었다는 견해는 이미 과거의 것이 되었다.

또한 형이상학의 영역으로 한정하더라도 중세의 철학은 현대의 철학과 강한 친화성을 지닌다. 예를 들어 보편 논쟁이나 개체화의 원리 등, 중세의 형이상학에서 되풀이되어 온 문제가 현대의 형이상학에서 다시 물어지고 있다. 또한 그때 아리스토텔레스의 존재론을 공통의 논의 영역으로 하면서 스콜라의 학자들이 참조되는 일도 적지 않다. 이처럼 중세의 철학은 시대에 머무르지 않는 보편성을 지닌다고 말할 수 있을 것이다.

2. 존재와 본질

존재와 본질에 대하여

질송이 두드러진 예이지만, 지금까지의 중세 철학사에는 토마스 아퀴나스의 특이한 '에세esse'(존재)에 관한 사상을 중시, 강조하는 하나의 전형이 있었다. 이 장에서는 그것과는 다른 방식으로 중세 철학이 아리스토텔레스로부터 이어받은 기본적인 개념의 하나인 '존재exsistentia'(실존)와 '본질essentia'을 중심에 놓고서 중세 철학을 바라보고자 한다 — 야마다 아키라山田晶가 『토마스 아퀴나스의 『에세』 연구ㅏマス・アクィナスの『エッセ』研究』에서 강조하고 있듯이 토마스에게서는 '에세'의 존재와 '엑시스텐티아'의 존재는 명확히 구별된다. 이 개념들은 이 장을 읽어나가는

가운데 밝혀질 것으로 생각되지만, 여기서 다루어지는 철학자들이 '창조된 세계와 우리의 관계'를 어떻게 파악하고 있는지를 내다보는 데서 열쇠가 된다. 우선은 이 개념들에 대해 간단히 설명하고자 한다.

우선 '본질'에서 시작하자. 본질이란 예를 들어 '소크라테스는 인간이다'라든가 '고양이란 무엇인가'라고 말할 때 문제가 되는 것이며, 형상으로서 '인간을 인간이 되게 하는 것', '고양이를 고양이가 되게 하는 것'이다. 그것들은 각각 '인간임', '고양이임'이라는 추상 명사에 의해 이름 붙여진다. 또한 본질은 '무엇인가'라는 물음의 대답에 해당하는 것이며, 그로부터 '무엇임quidditas'이라고도 불린다. 더 나아가 토마스나 스코투스의 인식 이론에 따르면, 우리가 예를 들어 현실에 존재하는 개별적인 고양이를 인식하고 '고양이'라는 개념을 형성할 때, 지성은 본질을 인식의 대상으로 하고 있다. 이 인식에 의해 현실에 존재하는 고양이 안에 존재하는 본질이 포착되어 지성 안에 존재하게 된다. 이 지성에서의 고양이의 본질은 현실에 존재하는 각각의 고양이에 대해 '……은 고양이다'라고 술어를 붙일 수 있는 보편적인 개념이다.

현실에도 지성 안에도 존재할 수 있는 본질은 특히 '본성natura'이라는 이름으로 불리는 경우가 많다. 이것은 이슬람 세계의 아비센나로부터 토마스와 스코투스가 수용한 개념이다. 고양이의 본성은 현실 세계의 한 마리의 고양이 안에도 인간 지성 안에 '고양이'라는 개념으로서도 존재할 수 있지만, 고양이의 본성 그 자체는 그 어느 것도 아니다. 이것이 '말임은 말임일 뿐이다'라는, 본성에 관한 아비센나의 유명한 테제가 의미하는 바이다.

그런데 본질의 설명에서 이미 해명 없이 '존재'라는 말을 사용했지만, '존재'에 대해서는 설명이 없더라도 대충은 이해 가능할 것이다. 중세 철학에서는 위에서 언급되었듯이 존재에 대해 두 개의 양태가 생각되는데, 한편이 '고양이가 있다'라거나 '냉장고에 우유가 있다'라고 말하는 경우처럼 현실 세계에서의 사물이 문제가 되는 경우이며, 다른 한편이 고양이가 인간 지성에 의해 인식되고 있을 때처럼 '본성이 지성에서 있다'와 같은 경우이다.

본질에 관해 개관할 때 알아챘을 것으로 보이지만, 토마스와 스코투스에게서 본질은 다양한 영역에서 문제가 된다. 예를 들어 본질이 형이상학에서 문제가 된다는 것은 말할 나위도 없지만, 인식론에서는 인간 지성의 인식 대상으로서 나타나며, 또한 논리학에서는 술어화의 문제와 관련하여 물음이 제기된다. 여기서 '토마스와 스코투스에게서'라고 단정한 것은 오컴에게서는 이처럼 본질이 다양한 영역에서 물어지는 일은 없기 때문이다. 그리하여 이하에서는 '존재와 본질의 구별 또는 동일성'이라는 중세의 형이상학에서 특징적인 문제 영역에 대한 토마스, 스코투스, 오컴의 반응과 그들의 논의를 개관함으로써, 그들의 형이상학에 대한 태도를 특히 인식론과 논리학과 같은 학문 영역과의 관계 속에서 분명히 드러낼 것을 목표로 한다.

토마스 아퀴나스

우선 토마스 아퀴나스의 논의를 확인하는 데서부터 시작하자. 연구자들 사이에서 완전한 일치를 보고 있는 것은 아니지만, 많은 경우 토마스 철학에서 존재와 본질은 실재적으로 구별된다고 한다. 실재적 구별이란 현실 세계에 구별의 무언가 근거가 있는 것과 같은 구별을 말하며, 통상적으로는 두 개의 사물 사이의 구별로서 이해된다. 그리고 이 실재적 구별은 관념적 구별, 즉 인간의 지성에 의한 허구의 구별과 대치된다. 요컨대 토마스에 따르면 존재와 본질은 설령 인간의 지성이 존재하지 않더라도 사실로서 무언가의 방식으로 구별되어 있다고 하는 것이다. 여기서는 그가 존재와 본질이 다른 것이라는 것을 비교적 명료하게 말하고 있는 『존재자와 본질에 대하여』 제4장의 논의를 더듬어가기로 하자. 해당 부분은 토마스 해석에서 논의가 끊임없는 부분이지만, 여기서는 지나치게 세세한 점에는 들어가지 않고 그 큰 틀을 파악하는 데 전념한다.

『존재자와 본질에 대하여』에서 토마스가 존재와 본질의 구별을 이야기하는 부분은 질료와 복합되지 않은 형상인 천사가 그럼에도 무언가의 복합을 지니며, 순수하게 단순한 존재자가 아니라는 것을 증명하는 긴 논증의 일부이다. 우선 '본질에 대해 이해한 내용에 포함되지 않는 정보는 본질에 있어 외적인 것이다'라는 것이 논의의 대전제로서 놓인다. '인간은 동물이다'처럼 인간이라는 본질 안에 동물이라는 것이 포함되게 되면, 본질에 대해 이해한 내용에 동물이라는 정보가 포함되기 때문이다. 그런데 '인간이나 불사조가 무엇인가라는 것은 그것들이 사물의 본성에서 존재를 지니는지 아닌지를 알지 못하더라도 깨달아 알 수 있다'라고 토마스가 말하고 있듯이, '본질은 존재 없이 이해될 수 있다'라는 것이다. 따라서 '존재와 본질은 다른 것이다'라는 결론이 얻어진다.

그러나 논의는 여기서 그치지 않는다. '존재와 본질이 같은 것이 있다면, 그것은 단 하나밖에 없다'라는 것이 증명된다. 그것은 순수한 존재인데, 다수화를 가능하게 하는 것과 같은 어떠한 조건도 지니지 않기 때문이다. 그렇다면 존재 그 자체인 것과 같은 사물을 제외하고서는 다른 것은 모두 존재와 본질이 다른 것이라는 것이 도출된다. 더 나아가 그에 이어지는 논의에서는 존재 그 자체인 것과 같은 사물이란 제1원인이며, 신이고, 가능태를 전혀 포함하지 않는 순수 현실태라는 것이 증명되며, 그로부터 피조물은 모두 존재와 본질이 다른 것이고, 신으로부터 존재를 받아들인다는 것이 따라 나온다.

이상이 연구자들에 의해 존재와 본질의 실재적 구별에 관한 논증이라고 여겨지는 부분의 논의 개요이다. 존재와 본질이 실재적으로 구별된다는 것을 확인한 다음 문제가 되는 것은 토마스에게서 '존재와 본질이 실재적으로 구별된다'라는 것이 어떠한 의미를 지니는가 하는 것이다. 『존재자와 본질에 대하여』의 위의 부분에 관한 논문에서 우에다 요시노리上枝美典가 주의를 환기했듯이 '적어

도 토마스에게서 …… 존재와 본질이 두 개의 사물로서 구별된다고 주장하는 것은 가능하지 않을 것이다.'(「『데 엔테』 제4장에서의 존재와 본질『デ・エンテ』第四章における存在と本質」, 『중세 철학 연구 VERITAS中世哲学研究 VERITAS』 제11호, 69쪽) 이러한 의미에서 '실재적 구별'이라는 술어에는 모호함이 남아 있다.

여기서 주목하고 싶은 것이 본질과 인간 지성에 의한 인식의 관계이다. 토마스의 주저 『신학대전』의 한 군데서 토마스는 존재와 본질에 관한 인간 지성의 관계 방식에 대해 간결하게 다음과 같이 말하고 있다.

창조된 지성은 자기의 본성을 통해 추상에서 무언가의 분해라는 방식으로 구체적인 형상과 구체적인 존재를 파악하도록 본성 지어 져 있다. (『신학대전』, 제1부 제12문제 제4항 제3이론 해답)

해석에서는 각각의 저작의 집필 시기 등이 문제가 되지만, 『존재자와 본질에 대하여』와 『신학대전』의 위의 텍스트를 겹쳐 이해할 수 있게 되면, 토마스가 말하는 존재와 본질의 실재적 구별은 서로 다른 두 개의 사물로서의 구별은 아니지만, 적어도 두 개의 서로 다른 개념을 지성 안에 만들어내는 것이 가능해지는 근거로서의 구별로서 이해할 수 있을 것이다. 이 점의 의의에 관해서는 뒤에서 이야기하겠지만, 이러한 사유 그 자체는 다음에 이야기하는 스코투스와 대단히 가까운 것이다.

둔스 스코투스

토마스도 존재와 본질의 구별을 주제화하여 논의한 것은 아니었지만, 둔스 스코투스도 마찬가지였다. 그뿐만 아니라 존재와 본질의 구별에 대해 스코투스가 논의를 전개한 부분은 아주 조금밖에 없다. 그런 까닭에 연구자들 사이에서도 스코투스에게서 존재와 본질 사이에는 어떠한 구별이 적용되는 것인가 하는 점에서 의견이 대립하고 있다. 그러나 '본질의 존재가 실재의 존재로부터 실재적으로 분리되는 것은 결코 아니다'(『오르디나티오』, 제2권 제1구분 제2문제)라고 말하고 있는데, 이 텍스트에서 말하는 '본질의 존재'와 '실재의 존재'란 각각 지금 이 논고에서의 '본질'과 '존재'에 대응하는 것이기 때문에, 스코투스가 본질과 존재의 실재적 구별을 명확히 거부했다는 것은 분명하다.

그러나 이 텍스트만으로 토마스와 스코투스가 존재와 본질의 구별에 관해 서로 다른 견해를 지니고 있었다고 결론지을 수는 없다. 오히려 뒤의 논의로부터 분명해지는 것이지만, 여기에서의 스코투스의 주장은 '존재와 본질은 두 개의 서로 다른 사물일 수 없다'라는 것으로서 이해해야 하며, 토마스의 것에 가까운 견해를 채택하고 있다고 생각된다.

스코투스에게서의 존재와 본질에 대해 논의하고 있는 연구자 리처드 크로스Richard Cross가 중요하게 여기는 것은 스코투스가 개체화의 원리에 대해 집중적으로 논의하는 『오르디나티오』 제2권 제3구분 제1부의 제3문제이다. 스코투스는 본성에 관한 아비센나의 이론을 계승하고 있고, 본성 그 자체는 현실 세계에 존재하는 개별적인 것이 아니라고 생각하기 때문에, 무언가의 본성이 현실 세계에 개별적인 것으로서 존재하기 위해서는 '개체화의 원리'가 요구되는 것이다. 그리고 이 제3문제에서는 존재가 개체화의 원리인지 아닌지가 물어지며, 스코투스는 이것에 부정적으로 대답한다. 이하에서는 그 논거 가운데 존재와 본질의 구별에 관계되는 것을 개관하고자 한다.

어떤 본질은 일정한 체계 안에 자리매김한다. 예를 들어 인간의 본질은 '인간은 동물이다', '동물은 생물이다' 등의 술어화를 더듬어가며, …… 생물−동물−인간……이라는 일련의 계열 속에 놓인다. 이 체계에서 가장 추상도가 높은 것은 아리스토텔레스에 따르면 '실체'라는 범주이다. 그리고 가장 추상도가 높은 것이 발견되는 것과 마찬가지로 가장 추상도가 낮은 것도 이 체계 안에서 발견된다. 스코투스에 따르면, 그것이 개별자이다. 이 점은 소크라테스를 예로 취하자면 '실체'로부터 '소크라테스'에까지 이르는 체계, 이른바 '포르퓌리오스의 나무'에 포함된 모든 정보가 소크라테스에게서의 인간의 본질에 기재되어 있다는 것을 의미한다. 그러나 거기에 존재는 포함되어 있지 않다. '왜냐하면 "이 인간"은 "인간"보다도 더 많이 현실적인 현실 존재를 형상적으로 포함하는 것은 아니기 때문이다.'(『오르디나티오』, 제2권 제3구분 제1부 제3문제)

이러한 점으로부터 크로스는 스코투스에게서 존재와 본질은 형상적으로 구별된다고 주장한다. 형상적 구별은 대단히 복잡한 개념인 까닭에 여기서 상세하게 이야기할 수는 없지만, 개략적으로 말하자면, 예를 들어 '인간은 동물이다'나 '인간은 이성적이다' 와 같은 명제에서의 '인간', '동물', '이성적'이라는 개념이 명제에서의 것과 마찬가지의 규정−비규정 관계를 보유하는 가운데 현실의 세계에서 대응하는 것을 지닌다는 방식으로 생각한 다음, 그 대응하는 것들 사이에서 성립하는 구별이다. 요컨대 존재와 본질이 형상적으로 구별된다고 생각하는 것은 현실 세계의 형이상학적인 구조가 예를 들어 '소크라테스는 존재한다'와 같은 명제에서의 개념들 사이의 논리학적 구조와 일정한 대응 관계를 지닌다고 생각하는 것이다.

확실히 질송처럼 스코투스에게서의 존재와 본질의 구별을 형상적 구별이라고 생각하지 않는 연구자도 적지 않다. 그러나 존재와 본질의 구별이 형상적 구별이라고 생각하는 한에서는 존재와 본질의 구별에 인간의 지성이 관계하는 논리학이라는 영역이 크게 관여하고 있는 것이게 되며, 그런 의미에서 토마스와 스코투스에 의한 존재와 본질의 구별에 대한 태도는 비슷하다고 할 수 있다.

윌리엄 오컴

윌리엄 오컴에게서 존재와 본질의 구별에 대한 취급과 관련해서는 앞에서 논의한 두 사람의 스콜라 학자와 조금 사정이 다르다. 왜냐하면 존재와 본질의 구별에 관해 오컴은 『대논리학』이나 『7권본 자유토론집』과 같은 저작에서 '존재와 본질은 구별되는가' 라는 문제를 세워 주제화하여 논의하고 있기 때문이다. 그리고 그는 '존재와 본질은 단지 관념적으로밖에 구별되지 않으며, 현실의 세계에 그 구별의 근거는 전혀 없다'라고 생각하여 토마스나 스코투스와는 정반대 입장을 채택한다. 그리고 그 배후에는 토마스나 스코투스와는 다른 전제가 숨어 있다.

오컴이 이 저작들에서 직접 비판의 대상으로 하는 것은 토마스 본인이 아니라 토마스의 학설을 첨예화하여 '존재와 본질은 상이한 두 개의 사물이다'라고 주장한 에기디우스 로마누스^{Aegidius} Romanus(1243/47~1316)이다. 이에 대해 오컴은 존재와 본질은 두 개의 서로 다른 사물이 아니며, 또한 '존재'와 '본질'이라는 말은 같은 것을 표시하고 있다고 대답한다. 그때의 논거의 하나는 다음과 같은 것이다. 존재가 본질과는 다른 것이라면, 존재는 실체이든가 부대성^{附帶性, symbebekos(희), accidentia(라)}(우연성)이든가 그 어느 쪽이다. 부대성이라면, 존재는 성질이든가 양이든가 그 어느 쪽이지만, 오컴에 따르면 이것은 그 어느 쪽도 잘못이다. 또한 실체라면, 질료이든가 형상이든가, 그것들로부터 복합된 것이든가 그 어느 쪽이지만, 이것들 가운데 그 어느 것도 잘못이다. 그런 까닭에 존재와 본질은 다른 것이 아니다.

존재와 본질이 전혀 다르지 않다고 하면, 토마스가 존재와 본질의 실재적 구별을 논증할 때 하나의 전제로 삼고 있던 '본질은 존재 없이 이해될 수 있다'라는 것이 인정되지 않게 된다. 왜냐하면 오컴에 따르면 존재하지 않는 본질은 전적인 무無인 것이 되어버리기 때문이다. '천사의 실재는 결코 천사의 본질로부터 구별되지 않는다. 다만 어느 경우에 실재는 본질이 아니었다. 그것은 마치 …… 어느 경우에는 [천사의 본질이] 무였기 때문에, 천사의 본질이 본질이 아니었던 경우처럼 말이다.'(『7권본 자유토론집』, 제2권 제7문제) 이처럼 오컴에게서 존재와 본질은 분리될 수 없는 관계에 있다.

이상과 같이 존재와 본질이 다른 것이 아니라는 것이 확인되자 오컴은 '존재'와 '본질'이라는 말의 의미에 대해 흥미로운 지적을 하고 있다.

> 존재성과 실재는 두 개의 사물이 아니며, 오히려 '사물'과 '존재'라는 두 개의 명칭은 같은 것을 표시하지만, 한편은 명사적인 방식으로, 다른 한편은 동사적인 방식으로 표시하는 것이다. (『대논리학』, 제3부 제2항 제27장)

오컴에 따르면, '사물'(여기서는 '본질'과 치환 가능한 방식으로 사용되고 있다)과 '존재'라는 명칭은 명칭으로서는 다르지만, 하나의 같은 사물을 다른 방식으로 표시하고 있다. 요컨대 오컴에게 있어 '존재'와 '본질'은 문법적인 기능만 다른 동의어라는 것이다.

이리하여 특정한 문장에서 '존재'와 '본질'이라는 말이 문장의 의미를 손상하지 않고서 상호 간에 치환될 수 없는 것은 '존재'와 '본질'이라는 명칭의 표시 대상이 서로 다르기 때문이 아니라 다만 그 말들이 지니는 문법적 기능이 서로 다르기 때문이라는 것이 된다. 이 점에 관해 시부야 가쓰미澁谷克美가 '오컴에 따르면 이와 같은 ['존재'와 '본질'이라는] 구상어와 추상어의 다름은 어디까지나 문법적이거나 논리적인 다름이며, 그러한 말 측에서의 다름을 마음 바깥의 사물 측에까지 투영하여 사물 측에서 마찬가지 다름이 있다고 생각해야 하는 것은 아니다'(『오컴 철학의 기저オッカム哲学の基底』, 43쪽)라고 지적하는 것은 중요할 것이다. 요컨대 오컴은 토마스나 스코투스와는 달리 인간 지성이 지니는 개념이나 개념들 사이의 구조와 실재 세계의 형이상학적인 구조와의 대응 관계를 명확히 부정하는 것이다.

3. 본질과 형이상학

인식론·논리학·형이상학

이상에서 토마스, 스코투스, 오컴에서 존재와 본질의 구별이 어떻게 생각되고 있는지를 개관하고, 그에 더하여 그들이 형이상학을 인식론이나 논리학과 같은 학문 영역과 어떠한 방식으로 관계짓고 있는지 혹은 관계짓지 않는지를 그려 보였다. 그 성과를 새로이 여기서 간결하게 정리해두고자 한다.

토마스에게서는 존재와 본질이 실재적으로 구별된다. 다만 이 경우의 실재적 구별이란 두 개의 서로 다른 것 사이에서 인정되는 것과 같은 것이 아니라 오히려 현실 세계에 뿌리박은 구별이라는 느슨한 의미에서의 구별이라고 해석된 것이었다. 이러한 해석에 기초하게 되면, 토마스는 두 개의 서로 다른 개념이 지성 안에 만들어지기 위한 현실 세계에서의 근거로서 특히 인식론과 관련하여 이 존재와 본질의 실재적 구별이라는 형이상학적인 사항을 이해했던 것이 된다.

이어서 스코투스에게서는 존재와 본질이 형상적으로 구별된다고 해석된다. 형상적 구별이란 명제에서의 개념들 사이의 논리학적인 구조와 현실 세계에서의 개념의 대응자들 사이의 형이상학적인 구조가 일정한 대응 관계 아래 놓여 있다는 것을 보장하는 개념이라고 생각된다. 그런 까닭에 존재와 본질의 형상적 구별이라는 형이상학에서 고찰되는 사태는 그와 동시에 명제에서의 술어화라는 논리학적인 문제와의 관련을 지닌다.

마지막으로 오컴에게서는 존재와 본질 사이에 현실 세계에서의 아무런 구별도 없고 다만 인간의 지성이 만들어낸 허구라는 관념적인 구별만이 정립된다. 오컴에 따르면, '존재'와 '본질'이라는 명칭이 다른 것은 단지 문법적인 기능에서뿐이며, 그것은 현실 세계의 구조를 전혀 반영하고 있지 않다. 오히려 그것들은 현실 세계에서 전적으로 같은 것을 표시하고 있다. 오컴에게서의 형이상학은 토마스나 스코투스가 생각하는 것과 같은 방식으로 인식론이나 논리학이 관계하는 것과 같은 것이 아니다.

이처럼 토마스와 스코투스는 존재와 본질의 구별을 '실재적'이라고 부르든가 '형상적'이라고 부르는 겉보기에서의 차이는 있지만 — 또한 학설의 상세한 점에서도 실제로 크게 다르지만 —, 그들의 견해 그 자체는 존재와 본질이라는 형이상학적인 대상을 인식론이나 논리학이라는, 즉 인간 지성과의 관계가 생겨나는 것과 같은 장면 속에서 파악하고자 한다는 점에서는 유사하다. 다른 한편으로 오컴은 그러한 입장에 반대하고 있으며, 그러한 두 영역을 적극적으로 분리하고자 한다.

그렇다면 형이상학에 대한 토마스나 스코투스적인 태도와 오컴적인 태도 사이의 차이에는 도대체 무엇이 관계하고 있는 것일까? 거기에는 셀 수 없을 정도의 요인이 있다고 생각되지만, 그 가운데 하나이자 또한 일정한 중요성을 지닌다고 생각되는 것은 본성에 관한 아비센나의 학설에 대한 취급이다. 아래에서는 이 점에 대해 약간의 고찰을 하고자 한다.

본성에 대하여

제2절의 서두에서 본질에 관해 설명할 때 조금 언급했듯이, 아비센나에 따르면 '말임은 말임일 뿐이다.' 즉, 본성은 현실에

존재하는 개별적인 존재자일 수도 지성에서 존재하는 보편적인 개념일 수도 있지만, 본성 그 자체는 그 어느 것도 아니다. 스코투스에 의한 표현을 빌리자면, '본성은 자연 본성적으로 그것들 모두에 선행한다.'(『오르디나티오』, 제2권 제3구분 제1부 제1문제) 이처럼 본성 그 자체는 실재의 세계나 지성에서 존재하는 것에 대해 중립적이다.

이러한 중립성에 의해 본성은 현실에 존재하는 개별적인 존재자로서의 본성과 지성에서 존재하는 보편적인 개념으로서의 본성을 규제하고 있다. 요컨대 본질은 실재의 세계에서 존재하는 것에 대해서도 지성에서 존재하는 것에 대해서도 선행함으로써, 그 양쪽의 영역에 이를테면 침투하는 것이다. 이것은 관점을 바꾸면, 형이상학이 취급하는 실재의 세계와 인식론이나 논리학이 관계하는 지성의 영역이 그 어느 쪽에도 속할 수 있는 본질에 의해 매개되어 있다는 것이다.

토마스나 스코투스에게서 존재와 본질의 구별이라는 형이상학적인 사태가 인식론이나 논리학이라는 인간 지성과 관계하는 영역과의 관계 속에서 고찰되는 것은 그들이 본성에 관한 아비센나의 이론을 계승했다는 점과 크게 관계된다.

다른 한편 오컴은 이러한 본성 이론을 받아들이지 않는다. 그는 스코투스의 개체화 이론을 비판할 때, 이와 같은 본성을 정면에서 부정하고, 현실 세계에 존재하는 어떠한 것도 자기 스스로 개별적인 것이라고 주장한다. 그런 까닭에 오컴에게서는 어떠한 본질도 그것 자체로 개별적인 것으로서 존재하는 본질이기 때문에, '존재하는 것에 선행한 본질'이라는 것은 생각될 수 없다. 그와 같은 것은 전적인 무이다. 이러한 오컴의 태도는 이른바 '유명론'으로서 평가되는 것이다.

이와 같은 사유에 입각하게 되면, 본질을 토마스나 스코투스처럼 형이상학과 인식론, 논리학을 매개하는 가교처럼 생각하는 것은 불가능해진다. 이렇게 되면 오컴처럼 개념이나 말의 용법과 같은 지성에 놓여 있는 구조는 실재 세계의 형이상학적인 구조와 명확히 구별되며, 원칙적으로 그것들 사이에 아무런 대응 관계도 생각할 수 없다는 입장을 채택하기에 이르는 것이다.

이상과 같이 본질에 대한 파악 방식과 형이상학에 대한 태도는, 어느 것이 원인이고 어느 것이 결과인지 결정하기는 어렵거나 불가능할지도 모르지만, 적어도 그것들 사이에서는 동전의 양면과 같은 관계가 간취된다. 이리하여 우리는 존재와 본질의 구별 문제로부터 각각 철학자의 형이상학이라는 학문적 앎에 대한 태도가 어떠한 것인지를 엿볼 수 있는 것이다.

중세 철학에서의 본질

위에서 보았듯이 존재와 본질이라는 아리스토텔레스적인 개념 위에 본성에 관한 아비센나의 학설이 교차함으로써 13세기부터 14세기의 대표적인 스콜라 학자들의 형이상학은 다양한 발전을 보여준다. 이러한 두 개념, 특히 본질에 관해서는 지금까지 고찰해온 것과 같은 의미에서 각각의 철학자에 의한 형이상학적인 탐구의 관건이 되는 개념이라는 것이 밝혀졌다.

또한 본질은 여기서 다루어진 것과 같은 존재와 본질의 구별 문제 이외에도 다양한 문제와 관계된다. 예를 들어 개체화의 원리에 관한 문제는 많은 것에 공통된 본질이 어떻게 해서 특정한 개별자로서 존재하는 것인지를 묻고 있으며, 인간 지성에 의한 추상 인식에 관한 이론은 지성 인식의 대상인 본질이 어떠한 과정에서 인간 지성에서 보편적인 개념으로서 존재하게 되는지를 기술한다. 그뿐만 아니라 중세 철학에서 가장 유명하다고 생각되는 보편 논쟁은 특히 13세기경에는 바로 아비센나적인 본질을 둘러싼 것으로서 철학사적으로 정리된다. 이러한 문제들에 대한 대처 방식도 존재와 본질의 구별 문제와 마찬가지로 본질에 대한 이해에 따라 변화한다. 아비센나적인 본성을 인정하지 않는 오컴에게 있어 본질은 그 자신에서 개별자이기 때문에, 개체화 문제는 이미 물을 필요가 없는 것이며, 또한 보편적인 개념도 지성에서 존재하는 본질이라고는 생각되지 않게 되고, 토마스나 스코투스적인 추상 이론과는 다른 인식 이론이 제창되게 되는 것이다.

형이상학에 대한 오컴의 태도는 동시에 논리학에도 커다란 영향을 주게 된다고 생각할 수 있다. 오컴에게서 논리학이 형이상학적인 고찰로부터 분리되었다는 것은 동시에 논리학이 형이상학의 단순한 도구이기를 그치고 독립된 지위를 획득했다는 것을 의미한다. 오컴의 논리학이 토마스와 스코투스에게서는 볼 수 없는 방식으로 발전을 이루고 있는 배후에는 토마스나 스코투스와 오컴 사이에 놓여 있는 형이상학에 대한 태도의 차이가 숨어 있다고 말할 수 있을 것이다.

　이처럼 토마스와 스코투스로부터 오컴에 걸친 철학적 사유의 변화를 큰 틀에서 파악하게 되면, 그 변화의 한 가지 중심은 다름 아닌 본질에 관한 이해의 변화였다.

☞ 좀 더 자세히 알기 위한 참고 문헌

— 간자키 시게루神崎繁, 구마노 스미히코熊野純彦, 스즈키 이즈미鈴木泉 편,
『서양 철학사 II. '앎'의 변모·'믿음'의 단계西洋哲学史 II '知'の変貌·'信'の階梯』,
講談社選書メチエ, 2011년. 중세 철학에 관한 가장 이해하기 쉬운 논문집.
— 시부야 가쓰미渋谷克美, 『오컴 철학의 기저オッカム哲学の基底』, 知泉書館, 2006
년. 오컴 철학을 이해하는 데서 기초가 되는 문헌.
— 조치대학 중세사상연구소上智大学中世思想研究所 편역, 『중세 사상 원전 집성
18. 후기 스콜라학中世思想原典集成 18. 後期スコラ学』, 平凡社, 1998년. 스코투스
와 오컴의 기본적인 텍스트의 번역을 포함한다.
— 야마우치 시로山内志朗, 『보편 논쟁普遍論争』, 平凡社ライブラリー, 2008년.
보편 논쟁을 포함하여 중세 철학의 다양한 논제에 대해 언급하고 있다.
권말의 중세 철학 인명사전도 충실하다.

제4장

아라비아 철학과 이슬람

고무라 유타 小村優太

1. 이슬람 지역으로의 철학의 전파

아라비아 철학인가 이슬람 철학인가?

9세기에 아바스 왕조는 칼리프나 유력자의 후원으로 선진적인 그리스 및 페르시아의 지식을 아라비아어로 번역하기 시작했다. 그 가운데는 의학이나 천문학의 책도 많이 포함되어 있었지만, 유달리 눈길을 끄는 것이 철학(팔사파)이라고 불리는 문헌군이다. 이 팔사파라는 말은 당연히 그리스어 필로소피아의 차자借字이며, 철학이라는 것이 그리스라는, 아랍인들이 보아 외래의 문화와 깊이 결부되어 있었다는 것을 잘 나타낸다. 당시의 사람들에게 있어 철학이란 논리학과 자연에 관한 학문들, 수학과 천문학을 포함하는 대단히 거대한 학문 체계이며, 그 중심에는 아리스토텔레스가 있었다. 보에티우스의 사형으로 인해 도중에 좌절한 아리스토텔레스의 라틴어 번역 계획과 달리 기본적으로 모든 아리스토텔레스 작품이 아라비아어로 번역되었다.

또한 플로티노스 『엔네아데스』나 프로클로스 『신학 강요』와 같은 신플라톤주의 문헌이 각각 의싸–아리스토텔레스 『아리스토텔레스의 신학』, 『순수 선에 대하여』(라틴어명 『원인론』)로서 번역되며, 아리스토텔레스를 신플라톤주의적으로 해석하는 후기 고대 알렉산드리아의 전통이 이어받아졌다. 다른 한편 플라톤 자신의 작품은 대화편 형식이 경원시되든가 직역은 거의 존재하지 않으며, 갈레노스에 의한 『티마이오스』의 논문 형식으로의 번안(그리스어로는 흩어져 없어짐)은 곧잘 읽히고 있었다. 또한 이와 같은 대규모의 번역 활동에도 불구하고 호메로스의 서사시나 그 밖의 문학 작품은 거의 번역되지 않았는데, 당시의 아라비아인들이 번역해야 하는 작품과 그렇지 않은 작품을 상당히 의도적으로 구분하고 있었다는 것을 알 수 있다.

그렇다면 9세기의 아바스 왕조에서 태어난 이러한 철학의 영위를 어떻게 부르면 좋을까? 이 문제는 겉보기보다 훨씬 더 복잡하게 얽혀 있다. 당시의 이슬람 사회에서 그리스어로부터 아라비아어로의 번역 활동에 종사한 것은 그리스도교도가 중심이며, 때때로 그 번역은 시리아어를 매개로 하고 있었다. 또한 철학의 영위에 실제로 종사한 철학자도 페르시아계 출신인 자가 많고 순수한 아랍인은 생각 외로 적다. 이와 같은 상황에서 전체로서의 철학을 통합하고 있던 것은 지역의 공통어였던 아라비아어이며, 그로 인해 근간에는 이 지역의 철학을 '아라비아 철학Arabic Philoso- phy'(좀 더 정확하게는 아라비아어 철학)이라고 부를 것이 제창되고 있다. 다른 한편 이슬람 사상 연구자인 앙리 코르뱅Henry Corbin (1903~1978) 은 11세기 이후에는 페르시아어나 튀르크어로 된 철학 작품 집필도 늘어났다는 점에 비추어 아랍인, 페르시아인, 튀르크인들이 각각 의 언어로 전개하는 이 철학적 영위를 '이슬람 철학'이라고 불러야 한다고 주장했다.

요컨대 만약 이 지역에서 생겨난 철학을 아라비아 철학이라고 부르게 되면, 11세기 이후에 페르시아어나 튀르크어로 영위된 철학을 무시해버리게 되고, 이슬람 철학이라고 부르게 되면, 아바 스 왕조 아래에서 활약한 그리스도교도나 유대교도 학자들을 무시하게 되는 것이다.

외래 학문으로서의 철학

아랍인에게 있어 철학이 외래의 학문이었다는 것을 잘 나타내는 사건이 있었다. 932년에 시리아계 그리스도교도 논리학자 아부 비쉬르 마타(870년경~940)와 아라비아어 문법학자 아부 사이드 시라피(893/4~979) 사이에서 철학에 관계되는 논쟁이 이루어진 것이다. 대신과 유력자가 임석한 가운데 실시된 이 공개 토론은 아리스토텔레스의 논리학과 아라비아어 문법학 가운데 어느 쪽이 우월한가 하는 문제를 주제로 하고 있었다.

아부 비쉬르는 아리스토텔레스 논리학의 보편성을 강조함으로써 보편적인 학으로서의 철학의 우위성을 주장하지만, 아부 사이드는 아리스토텔레스 논리학은 보편적이 아니며, 어디까지나 그리스어에서밖에 성립하지 않는다고 반론한다. 만약 그리스인의 논리학을 배워야 하는 것이라면, 진리는 그리스인 말고는 어디에도 없다는 것이 되고, 그리스인을 스스로의 심판자로서 모시게 된다. 아부 비쉬르는 '4 더하기 4는 8'이라는 것을 증거로 내놓고서 지성에 의해 파악되는 지식은 모든 시대, 모든 민족에게 있어 같은 것이라고 말하지만, 아부 사이드는 본래 말에 의해 다루어지는 문제가 반드시 수학의 명제처럼 명백한 형태로 환원되는 것은 아니며, 그것은 궤변이라고 비판한다. 아부 사이드에 따르면, 아부 비쉬르가 논리학을 배우도록 권고하는 것은 그리스어를, 그리고 그리스어 문법학을 배우도록 권고하는 것과 같다. 게다가 아부 사이드는 아부 비쉬르 자신이 그리스어를 이해하지 못하며, 시리아어나 아라비아어 번역으로 아리스토텔레스를 읽고 있다는 것을 야유한다.

아부 사이드의 주장은 결국 외래의 '그리스어 문법학'이 아니라 아라비아어 문법학을 배워야 한다는 것이었다. 전해지는 바에 따르면, 이 토론은 아부 사이드의 압승이었다고 한다. 본래 시리아계인 아부 비쉬르는 아라비아어를 배워 익숙해진 것이 완전하지 않았고, 더욱이 말을 더듬었던 것, 관중이 처음부터 이슬람 고유의 학문인 아라비아어 문법학을 지지하는 아부 사이드에게 편들고 있었던 것 등을 제쳐놓는다고 하더라도, 이 토론은 아라비아 철학이 지니는 보편성에 대한 강한 동경과 외래의 학문에 대한 이슬람 사회의 저항을 잘 나타내고 있다. 필연적으로 그리스어로부터의 번역에 기초하지 않을 수 없었던 아라비아 철학은 적어도 이 시점에 자연 언어의 풍부함보다도 인공적으로 쌓아 올려진 보편적인 논리를 지향하고 있었다.

이슬람에 고유한 학문

그렇다면 이슬람에 고유한 학문이란 무엇이었던 것일까? 아라비아어 문법학은 말할 필요도 없고, 거기에는 법학과 신학이 포함된다. 특히 신학은 때때로 철학과 적대하면서 미묘한 상보적 관계를 지속해 갔다. 이슬람에서의 사변 신학(칼람)의 성립에는 불명료한 점이 많다. 사상적으로는 초기 이슬람의 카다르파 논쟁에서 새로 생겨났다고 생각되지만, 그 논술 형식과 관련해서는 당시 시리아 지역에 존재했던 그리스도교의 수도사들로부터 커다란 영향을 받았다고 한다.

그야 어쨌든 최초 시기의 신학자 와시르 이븐 아타우(700~748)와 아무르 이븐 우바이드(761 사망) 등의 그룹은 무타질라파라고 불리게 되었다. 그들은 신의 유일성(타우히드)과 정의正義(아들)를 주요한 테제로 내걸고 순수한 일신교를 논의했지만, 그 이성 중시의 자세는 때로는 전통주의자들과의 알력을 낳기도 했다. 무타질라파가 논의한 테마는 대단히 폭이 넓으며, 그 논의는 신학적 내용뿐만 아니라 논리학이나 자연학도 포함하고 있다. 자연학에 관해 그들은 원자론을 주장했으며, 그것은 후에 아리스토텔레스적인 질료 형상론을 전개하는 철학자들로부터 비판의 대상이 됨과 동시에 무타질라파를 넘어서 널리 신학 일반의 기본 테제로 전개해 갔다.

무타질라파에 전기가 찾아온 것은 아바스 왕조의 칼리프 마문(재위 813~833)의 통치 종반이었다. 지혜의 집을 건설하는 등, 외래 학문의 흡수에 열심이었던 마문은 무타질라파를 아바스 왕조의 공식 신학으로 지정한다. 무타질라파의 공인에 따라 마문은 이단 심문(미흐나)을 개시했다. 그들의 주요 테제 '코란은 피조물이다'를 내걸고서 이에 반대하는 신학자나 전통주의자들을 수많이 투옥했다. 결국 이 이단 심문의 광풍은 무타와킬(재위 847~861)에 의해 848년에 끝나게 되기까지 15년간 계속되었다.

철학과 이슬람이 융화하다

마문, 무타심(재위 833~842), 무타와킬, 세 사람의 칼리프를 섬긴 명문 아랍인 킨다족 출신의 철학자 킨디(800년경~870년 이후)는 한편으로는 외래의 학문이 열심히 흡수되고 다른 한편으로는 무타질라파에 반대하는 자가 탄압당하는 시기에 철학을 열심히 받아들이고자 했다. 그는 외래의 학문이었던 철학을 진리 탐구에서 이슬람과 합치하는 것이라고 옹호했다. 그는 자기의 주저 『제1철학에 대하여』에서 다음과 같이 말하고 있다.

> 그런 까닭에 참다운 일자는 질료도 형상도 양도 성질도 관계도 지니지 않고, 다른 어떠한 개념에 의해서도 기술되지 않으며, 유도 종차도 개체도 특성도 일반적인 부대성도 지니지 않는다. 그것은 움직이지 않으며, 참된 의미에서 하나인 것이 부정되는 어떠한 것에 의해서도 기술되지 않는다. 따라서 그것은 순수한 유일성뿐인바, 요컨대 유일성 이외의 아무것도 아니다. 그리고 그것 이외의 모든 하나인 것은 여럿이다. (『제1철학에 대하여』, 제4장)

철학적으로 보면, 이 주장은 지극히 신플라톤주의적이지만, 다른 한편으로 신의 유일성을 강조하는 무타질라파의 주장과도 기묘하게 합치한다. 킨디가 과연 무타질라파를 받들고 있었던가 하는 것은 많은 자의 흥미를 끄는 문제이지만, 현존하는 자료로부터 확정적인 것은 말할 수 없다.

또한 킨디는 그 자신이 철학자와 번역자의 서클을 이끌었으며, 거기서 다수의 저작을 아라비아어로 번역하게 했다. 그 가운데서도 유명한 것은 프로클로스 『신학 강요』를 재편집하고 번안한 의—아리스토텔레스 『순수선에 대하여』이다. 『순수선』은 그저 프로클로스의 사상을 아라비아어로 옮겼을 뿐 아니라 일신교적인 세계관에 합치하지 않는 부분은 대담하게 바꿔 읽고 있다. 참다운 일자, 요컨대 신을 하나만으로 하고 정통적인 신플라톤주의 입장을 계속 유지한 『제1철학』에서 다시 한 걸음 더 나아가 『순수선』에서는 일자가 존재와 동일시되고 있다. 이러한 신=존재라는 작은 바꿔 읽기는 아라비아 철학의 역사에서 무시할 수 없는 방향 정립을 부여하고 있다. 전체 31장으로 구성된 이 자그마한 작품은 후에 『원인론』으로서 라틴어로 번역되어 라틴 세계에도 커다란 영향을 주게 되었다.

2. 아비센나에 의한 철학 통합 프로젝트

신플라톤주의적 아리스토텔레스 철학의 대성자

사만 왕조 지배하의 부하라(현 우즈베키스탄) 근교에서 태어난 페르시아계 철학자 아비센나(이븐 시나, 980~1037)는 신플라톤주의적 경향을 지닌 아리스토텔레스 철학의 대성자로서 알려진다. 격동의 시대에 농락당한 이 철학자는 남에게 속박당하지 않는 독립적인 기질을 지니고 다양한 왕조를 여기저기 떠돌아다니며 생애를 여행으로 보냈다. 아비센나는 17세 때에 『요약 형식에 의한 혼론』을 집필하고 철학자로서의 경력을 시작한다. 또한 사만 왕조 술탄의 병을 치료한 공으로 인해 부하라의 도서관을 이용할 수 있는 허가를 받으며, 그리하여 그는 고금의 진귀한 책들을 읽을 수 있었다. 젊은 시절부터 천재를 발휘한 아비센나는 『자서전』에서 18세 때에 자신의 학습은 모두 완성되었다고 호언하고 있다.

아비센나의 철학 학습에서 대단히 유명한 에피소드가 존재한다. 그것은 그가 아리스토텔레스의 『형이상학』을 40번이나 읽고서도 이해할 수 없었다는 이야기이다. 몇 번이고 되풀이해서 읽고 내용을 암기할 정도였지만 그 목적과 의미를 이해할 수 없었던 그는 형이상학 공부를 그만두자고 결심한다. 그러나 어느 날, 시장에서 파라비(870년경~950)의 단편 『형이상학의 의도』를 읽었던바, 곧바로 이해할 수 있었다고 한다. 이 에피소드는 아비센나 정도의 천재에게 있어서도 『형이상학』은 난해했다는 것을 보여주는 일화로 자주 소개되지만, 디미트리 구타스Dimitri Gutas에 따르면, 이 에피소드는 아라비아 철학에서의 『형이상학』 수용을 염두에 두지 않으면 이해할 수 없다.

아리스토텔레스 자신이 『형이상학』에서 '신적인 학문'이라고 부르고 있듯이, 아라비아어에서 형이상학은 '신학'(일라히야)이라고 불리고 있었다. 이것은 킨디에 의한, 이슬람과 신학은 합치한다는 운동과도 부합한다. 그러나 그로 인해 아비센나는 『형이상학』을 신에 대해 논의하는 글이라고 착각하고 말았다. 실제로 『형이상학』에서 신에 대해 이야기하고 있는 것은 람다 권에서뿐이다. 다른 한편 파라비는 『형이상학의 의도』에서 형이상학이라는 것이 존재를 다루는 학문이라는 것을 분명히 보여준다. 이에 의해 곧바로 『형이상학』의 참된 의도를 이해한 아비센나는 환호작약하고, 그 발길로 모스크에 재물을 바쳤다고 한다.

철학의 모든 분야를 망라하다

아비센나의 철학은 앞에서도 언급했듯이 아리스토텔레스 철학이다. 정확히 말하면 의서 『아리스토텔레스의 신학』이나 『순수선에 대하여』와 같은 신플라톤주의와 뒤섞인 아리스토텔레스 철학이며, 학문 전체의 커리큘럼은 후기 고대의 알렉산드리아학파를 이어받은 것이었다. 그는 그 전통에서 철학에 포함된 학과를 모두 망라한 저작을 혼자서 만들어내게 되었다. 그것이 그의 주저 『치유의 서』이다. 제자인 주즈자니(1070년 사망)에 따르면, 매우 바쁜 스승 아비센나는 지금까지의 아리스토텔레스학파의 학문과 그 학설을 모두 망라한 저작을 씀으로써 제자들이 구태여 스승에게 질문하는 수고를 덜 수 있게 하는 교과서를 마련했다고 한다. 15년 이상에 걸쳐 계속해서 저술된 이 대저는 논리학, 자연학, 수학, 형이상학의 전 4부로 구성되어 있으며, 문자 그대로 당시의 모든 사변적 학문을 망라한 것이 되었다(의학이나 공학과 같은 실천적 학문은 포함되어 있지 않다).

디미트리 구타스에 따르면, 이와 같은 학문 체계는 이미 후기

고대 무렵부터 상정되어 있었지만, 한 사람의 인간이 통일적인 철학관에 기초하여 모든 학문을 포함하는 이른바 '대전'을 완성한다는 것은 아비센나 이전에는 예가 없다고 한다. 그는 『치유의 서』 이후에도 『구제의 서』, 『알라 우다울라의 철학』, 『시사示唆와 경고』, 『동방 철학의 서』, 『공정한 판단의 서』와 같은 철학 대전을 완성한다(후자의 두 편은 흩어지고 없어져 부분적으로만 현존). 다만 수학에 관한 학파적 논쟁은 이미 존재하지 않는다는 이유에서 『구제의 서』 이후의 대전으로부터 수학 부문은 없어졌다.

존재와 본질의 구분

아비센나의 존재론에서 가장 유명한 동시에 후세의 평판이 격렬한 것으로서 존재와 본질의 구분을 들 수 있을 것이다. 그는 『치유의 서』의 형이상학 부문의 제5권에서 보편자에 대한 설명을 개시한다. 아비센나에 따르면, 보편자라는 것은 다수의 것에 대해 말해지는 것이며, 그것은 '인간'이나 '말'처럼 실제로 다수의 것에 대해 말해지는 것뿐 아니라 7각형의 집처럼 현실에 존재하지 않더라도 다수의 것에 대해 말해질 수 있는 것 — 만약 7각형의 집이 이 세상에 존재할 수 있다면, 그것들은 모두 7각형의 집이라고 불린다 —, 그리고 태양이나 지구처럼 현실에는 하나밖에 없더라도 개념적으로는 여럿이 존재하는 것이 가능한 것 — 태양이나 지구는 정의상 하나인 것이 아니라 우연히 하나뿐이다 — 도 포함한다.

따라서 보편자는 보편적인 한에서 무언가의 것이며, 거기에
보편성이 붙따르는 것인 한에서 [다른] 것이다. (…) 만약 그것이
인간이나 말이었다면, 거기에는 보편성과는 다른 의미, 요컨대
[말의 경우] 말임이 있다. 왜냐하면 말임의 정의는 보편성의 정의가
아니며, 보편성은 말임의 정의에 포함되지 않는 것이기 때문이다.
왜냐하면 말임은 보편성의 정의를 필요로 하지 않는 [자족적인]
정의를 지니지만, 거기에 보편성이 따라붙는 것이기 때문이다.
왜냐하면 말임의 정의 그 자체에는 말임 이외의 어떠한 것도 전혀
없는 것이기 때문이다. 왜냐하면 말임의 정의 그 자체에는 그것이
말임에 포함되는 방식으로는 '하나임'도 '여럿임'도, '개물 속에
있음'도 '혼 속에 있음'도, 그것들 속에 '가능적으로 있음'도 '현실
적으로 있음'도 없는 것이기 때문이다. 오히려 [그러한 성질들이
더해지는 것은] 그것이 말임뿐인 한에서인 것이다. 오히려 '하나임'
은 말임에 결부된 속성이다. 따라서 그 속성을 갖춘 말임은 '하내[의
말임]'이다. 마찬가지로 그 속성을 갖춘 말임은 그 속에 있는 다른
많은 속성을 지닌다. 따라서 말임은 정의상 많은 것에 들어맞는다
는 조건에서 일반자이다. 그리고 그것은 그것에 대해 지시되는
여러 특성이나 부대성과 함께 파악되는 것이기 때문에 특수자이다.
따라서 말임은 그것 자체에서는 말임뿐인 것이다. (『치유의 서:
형이상학』, 제5권 제1장)

눈앞에 말이 다섯 필 있다고 하자. 그 말들은 각각 개물로서의 말이고, 그것들 모두에게 적용 가능한 개념으로서 우리는 보편적인 말이라는 개념을 생각한다. 그러나 아비센나의 말에 따르면, 사실은 이 보편적인 말이 말임 그 자체라고 하는 것이 아니다. 보편적인 말이라는 개념이 보편적인 것의 조건은 그것이 눈앞에 있는 다섯 필의 말, 다수의 개물에 대해 말해질 수 있다는 것이다. 그러나 말임 그 자체에 사실은 '다수의 개물에 대해 말해질 수 있다는 것'은 포함되지 않는다. 마찬가지로 '하나'와 '다수'와 '외계에 존재함'과 '머릿속에 존재함'과 '흼'과 '검음'과 '밤색 털'과 '수컷'과 '암컷' 등, 이와 같은 속성은 모두 말임 그 자체에 대해 외적인 부수물이다. 말임, 요컨대 말이라는 것의 정의란 바로 말임뿐이다. 그렇게 보면, 외계에 있든 머릿속에 있든 말이 존재한다는 것은 말임 그 자체에 붙따르는 속성 가운데 하나에 지나지 않는다.

물론 우리가 말임에 대해 생각할 때, 우리는 대개 무언가의 말의 이미지를 머릿속에 묶어버린다. '말 그 자체'를 상정한다고 하더라도 그것들은 아마도 한 마리일 것이고, 무언가의 용모를 몸에 걸치고 있고 머릿속에 존재한다. 따라서 현실적으로 말임은 무언가의 형태로 존재를 언제나 수반하고 있다고 말할 수 있을지도 모른다. 그러나 말임 그 자체로서 보는 경우, 그것은 말임일 뿐이다.

이와 같은 아비센나의 논의는 본질과 비교해 존재를 부대적인 것으로 간주하고 있다고 하여 후세의 철학자들로부터 커다란 비난을 받았다─그 대표적인 비판자로서 스콜라 철학에서는 중기 이후의 토마스 아퀴나스, 이슬람 세계에서는 물라 사드라(1571/2~1640)를 들 수 있다. 실제로 아비센나주의자 가운데는 존재를 명시적으로 부대적인 것으로 간주하는 자도 존재한다. 그러나 아비센나 자신이 과연 존재를 본질에 대한 부대성으로 생각하고 있었는지는 연구자들 사이에서도 의견이 나누어지는 점이다.

3. 종교와 철학의 대립

'철학의 비판자?' 가잘리

셀주크 왕조 지배하의 투스에서 태어난 페르시아계 신학자 가잘리(1058년경~1111)는 아쉬아리파 신학자 주아이니(1028~1085) 밑에서 배우고, 재상 니잠 울 물크(1018~1092)의 천거로 젊어서 바그다드의 니자미야 학원의 샤피이파 법학 교수가 되었다. 재기가 넘치는 가잘리는 신학뿐만 아니라 철학도 공부하고, 철학자들의 논의를 철학에 기초하여 비판하고자 시도했다.

가잘리에게 있어 철학자를 비판할 때 '코란에 이렇게 쓰여 있으므로'라고 말하는 것은 하책이다. 그와 같은 비판은 철학자에게 있어 아무렇지도 않다 — 그러나 많은 신학자에 의한 철학자 비판은 이 수준에 머물러 있었다. 가잘리는 말한다. 철학자들이 사용하는 논리에 근거하여 그들의 논의가 그 논리에 비추어보더라도 모순된다는 것을 보여줌으로써만 참된 의미에서의 철학자 비판이 가능하다고 말이다. 이를 위해 그는 철학자들의 논의 개요를 독자가 이해할 수 있도록 『철학자의 의도』라는 저서를 준비하고 — 다만 이것은 실제로는 아비센나의 페르시아어 작품 『알라 우다울라의 철학』의 아라비아어 번역이었다 —, 그것으로부터 철학자가 이야기하는 20개의 명제를 비판하는 『철학자의 모순』을 저술했다. 이전에는 가잘리의 이 철학자 비판으로 이슬람 지역에서의 철학은 철저히 비판되어 괴멸 상태에 빠졌다는 설명이 이루어지고 있었지만, 근간에는 아무래도 그렇게 단순한 이야기는 아니라는 것이 밝혀지고 있다.

가잘리는 철학자의 20개 명제를 비판했지만, 그것은 역으로 말하면 그 이외의 명제는 문제없다는 것이기도 했다. 실제로 가잘리는 자연학 대부분과 논리학은 이슬람에 대해 문제가 없으며, 이와 같은 부분까지 논란하는 신학자들을 오히려 이슬람에 해를 끼치는 자라고 비판하고 있다. 그에게 있어 절대로 비판하지 않으면 안 되는 것은 신을 다루는 형이상학과 자연학 가운데서도 혼에 관한 부분이었다. 가잘리는 『철학자의 모순』에서 다루는 20개의 명제 가운데 특히 세 개의 명제를 주장하는 자에 대해서는 불신앙(카피르)에 해당한다고까지 말하고 있다. 이하에서는 가잘리가 비판한 세 가지 명제에 대해 상세히 살펴보고자 한다.

세계는 시원을 지니지 않는가?

이슬람이나 그리스도교와 같은 일신교에 있어 세계는 신이 창조한 것이다. 다른 한편 아리스토텔레스 철학에서 세계는 시작도 하지 않고 종결도 하지 않는다. 장으로서의 세계는 무시무종이며, 그 속에서 다양한 존재자가 생성소멸을 되풀이할 뿐이다. 따라서 이 문제는 가잘리 이전 후기 고대의 지중해 세계에서도 철학자와 그리스도교도 사이에서 논쟁의 과녁이 되어 있었다. 더 나아가 아비센나는 좀 더 신플라톤주의적인 해석을 하고 있으며, 창조란 그 자체에서 비존재인 것을 계속해서 근거 짓는 것이라고 말하고 있다. 이 해석에 의해서도 세계가 무로부터 유로 전환했다고는 말할 수 없으며, 세계는 언제나 신에 의해 근거 지어져 있다.

다른 한편 가잘리는 『철학자의 모순』의 제1문제에서 세계가 시원을 지니지 않는다는 철학자의 논의를 도마 위에 올리지만, 거기에서 세계가 창조되었다는 것을 증명하려고 하지 않는다. 그는 다만 철학자들에 의한 논의를 논박할 뿐이다. 가잘리는 철학자와 신학자에 의한 가상 문답을 수행함으로써 세계에 시원은 없다는 논의에 대해 하나하나 논거를 무너뜨려 간다. 그리고 모두 논박하고 끝난 곳에서 그는 논의를 끝낸다. 가상 문답에서의 철학자는 너희는 모두 난문에 난문을 맞부딪치고 있을 뿐, 철학자에 의한 문제 제기에 대답하고 있지 않다고 말한다. 그러나 가잘리는 다음과 같이 호언장담한다.

우리가 이 책에서 떠맡고 있는 것은 다름 아니라 그들의 모순을 드러냄으로써 그들의 교설을 동요시키고 그들의 논증이 면목을 잃게 하는 것이다. 우리는 특정한 교설을 옹호하려고 하지 않으며, 이를 위해 이 책의 목적으로 일탈하는 일은 없었다. (『철학자의 모순』, 제1문제)

물론 가잘리에게 있어 세계는 창조된 것이다. 그러나 『철학자의 모순』이라는 책에 있어 중요한 것은 철학자의 논의가 지닌 모순점을 지적하는 것이지 그 자신의 교설을 확립하는 것이 아니다. 실제로 이 책에서의 가잘리의 논지에는 '반드시 그렇다고도 말할 수 없다'라는 것이 많으며, 때에 따라서는 '말하고 있는 내용 그 자체는 잘못되어 있지 않지만, 그것은 이성으로 증명할 수 없다'라는 것마저 있다는 사실은 『철학자의 모순』이라는 책의 논쟁적 성격을 잘 나타낸다고 말할 수 있다.

신은 개물을 인식하는가?

이어서 제13문제에서는 신이 개물을 인식하는가 하는 명제가 다루어진다. 아리스토텔레스 자신에게로 거슬러 올라가면, 아리스토텔레스의 신, 요컨대 부동의 동자는 타자에 대해 흥미를 일절 지니지 않으며, 언제나 자기 자신을 관조하고 있다. 다만 아프로디시아스의 알렉산드로스(2세기) 이후 아리스토텔레스학파에서도 신은 세계에 관심을 지니며, 섭리를 작용하게 하고 있다. 아비센나도 마찬가지로 신이 세계에 존재하는 다양한 개물을 안다고 생각한다. 그러나 그는 신이 신체를 지니지 않는 보편적인 존재인 까닭에, 그와 같은 신이 개개의 존재자를 개별적으로 아는 것은 도리에 맞지 않다고 생각하고, '신은 개물을 보편적인 방식으로 안다'라고 주장했다.

가잘리에게 있어 이 주장은 이슬람의 근간을 흔들지도 모르는 위험성을 내포하고 있었다. 왜냐하면 신이 보편적인 방식으로밖에 개물을 알지 못한다면, 신은 자이드와 아므르 각각에 대해 '자이드는 인간이다', '아므르는 인간이다'라는 방식으로밖에 알지 못하게 된다. 그렇다면 예를 들어 자이드가 어느 때에 나쁜 사람이고 그 후에 착한 사람이 되었다는 것과 그가 살아가는 사이에 수행한 수많은 행위도 모두 신에게 있어 전혀 모르는 것이 된다. 그렇다면 인간 사후의 상벌을 신이 어떻게 결정할 수 있을 것인가? 이슬람이라는 관점에서 보면 가잘리의 비판은 지당하다.

다만 아비센나에게 있어 인간의 구제는 신이 개별적으로 개입하여 행해지는 것이 아니었다. 본래 아비센나의 세계관에서 모든 혼은 본질적으로 사후에 신에게로 귀환하는 것이며, 개개의 혼에 따라 다른 것은 육체로부터의 정화에 걸리는 시간뿐이다. 많은 사람은 사실은 일시적인 옷에 지나지 않는 육체를 마치 자기의 본질이라고 생각하는 까닭에, 육체적인 죽음을 마치 자기 자신의 죽음이라고 잘못 생각한다. 이러한 착각으로부터 빠져나오기까지 혼은 마치 지옥과 같은 고통을 맛본다. 그러나 그것도 언젠가 끝난다. 혼은 최종적으로 자기 자신이 혼이라는 것을 깨닫고 구원받는다. 신은 다만 조건이 갖추어진 혼이 구원받도록 세계를 설계해두는 것으로 충분하며, 개개의 인간에게 개별적으로 개입할 필요는 없다. 그러나 아비센나의 이렇게까지 낙관주의적인 구원관이 이슬람의 견지에서 보아 허용될 수 없는 것이라는 점은 말할 필요도 없다.

사후에 육체가 부활하는가?

『철학자의 모순』의 제20문제에서는 사후의 육체 부활이 다루어진다. 이슬람과 그리스도교에서 세계의 종말에는 최후의 심판이 행해지며, 거기서는 죽은 자의 육체가 부활하고 신에 의해 심판을 받는다고 한다. 한편으로 철학자들은 인간의 본질을 혼이라고 생각하고 있었기 때문에, 사후에 육체가 부활할 필요성을 느끼지 않으며, 일단 사멸한 육체가 그냥 그대로 다시 살아난다는 것은 모순이라고 생각했다. 그들에게 있어 코란에 그려져 있는 천국에서의 좋은 술과 맛있는 음식의 묘사는 모두 비유에 지나지 않으며, 실제로 사후의 혼이 향유하는 것은 다름 아닌 지성적 쾌락이었다.

가잘리는 육체적 쾌락보다 지성적 쾌락 쪽이 뛰어나다는 것, 사후에 혼이 지성적 쾌락을 향유하는 것을 인정하면서도 그것이 이성에 의해서만 알려질 수 있다는 것을 부정한다. 또한 철학자에 의한 문제 제기, 요컨대 만약 육체가 부활한다고 하면 그것은 인체의 발생 과정에 따라 배아로부터 태아로 서서히 형성되어 가야만 할 것이라는 문제 제기에 대해서는 확실히 인체의 발생은 그와 같은 과정을 밟아가야만 하지만, 신은 자연법칙을 자유롭게 변경할 수 있기 때문에, 그 기간을 한순간으로 단축할 수 있다고 논박한다.

4. 그 후의 전개

가잘리의 철학자 비판에 의해 이슬람 지역에서의 철학은 끊어져 버린 것일까? 사실은 전혀 그렇지 않았다. 우선 가잘리의 비판은 그 자신이 떠들썩하게 이야기하는 만큼은 철저하지 않다. 철학자들의 주장 내용 자체는 받아들이면서 그 논증이 이성만으로는 불가능하다 — 따라서 성인이 가르친 법에 의지해야만 한다 — 는 논법으로는 도저히 철학자들을 이해시킬 수 없었을 것이다. 또한 가잘리는 도구로서의 논리학의 유용성을 인정했기 때문에, 그 자신의 신학에서도 아리스토텔레스의 논리학을 적극적으로 받아들여 갔다. 그리하여 아무래도 가잘리의 사후 얼마 되지 않아 신학자들의 언어가 두드러지게 '철학화'해갔던 것이다. 가잘리의 뜻에 반해 신학자들은 아비센나의 저작을 널리 읽게 되었다.

어느 사이엔가 신학자들의 논의에는 아비센나적인 용어와 개념이 넘쳐흐르게 되어갔다. 그리고 아이러니하게도 신학의 철학화에 커다란 공헌을 한 것이 바로 그 가잘리 자신이었다. 그가 『철학자의 모순』에 의해 비판한 20개의 명제는 역으로 말하면 그곳을 벗어나지 않으면 이슬람에 대해 문제없다는 지침의 역할을 하고 있었다. 가잘리의 철학자 비판은 철학자들에게는 여기까지라면 논의해도 좋다는, 신학자들에게는 여기까지라면 철학의 논의를 받아들여도 좋다는 기준을 제공하는 것이 되었다. 이러한 신학의 철학화라는 흐름은 아쉬아리파 신학자 파흐르딘 라지(1150~1210)에게서 완성된다고 말해진다. 그는 아비센나의 『시사와 경고』에 대해 비판적 주석을 썼으며, 그 후 이슬람 지역에서 철학과 신학은 융합해갔다.

킨디가 평생 힘껏 받아들이려고 하고 파라비와 아비센나에 의해 발전이 이루어진 아라비아 철학은 아무래도 얼마 안 되는 지적 엘리트를 위한 것에 지나지 않았다고 하는 측면도 부정할 수 없다. 철학자들은 다수가 과학자나 의사를 겸하고 지배자들의 측근으로서 그들을 섬기고 있었지만, 거기에는 일반 사회와의 단절이 있었다는 점도 확실하다. 가잘리가 굳이 비판하지 않더라도 이슬람 지역에서 철학은 일부 지적 엘리트의 전문 지식에 머물러 있었을지도 모른다. 가잘리는 그 철학에 대해 예기치 않게 이슬람이라는 종교에 있어 여기까지는 괜찮고, 여기부터는 문제라는 경계선을 그은 것이다. 보기에 따라서는 가잘리가 '아라비아 철학'을 '이슬람 철학'으로 전환함으로써 이슬람 지역에서의 철학을 구했다고도 말할 수 있을 것이다.

☞ 좀 더 자세히 알기 위한 참고 문헌

—『중세 사상 원전 집성 11. 이슬람 철학中世思想原典集成11. イスラーム哲学』,
다케시타 마사타카竹下政孝 엮음, 平凡社, 2000년. 본래 1차 문헌을 접할
기회가 적은 이 분야에서 다양한 문헌의 일역이 수록된 귀중한 책.
재편집판『중세 사상 원전 집성 정선 4. 라틴 중세의 융성 2中世思想原典集成精
選4. ラテン中世の興隆2』, 조치대학 중세사상연구소 편역, 平凡社ライブラ
リー, 2019년에는 유감스럽게도 2편밖에 수록되어 있지 않다.

—앙리 코르뱅Henry Corbin, 『이슬람 철학사イスラーム哲学史』, 구로다 도시오黑田
壽郎, 가시와기 히데히코柏木英彦 옮김, 岩波書店, 1974년. 앙리 코르뱅의
책은 강렬한 '코르뱅 사관'으로 관철되고 있으며, 그 점은 주의가 필요하
지만, 통일적인 역사관에 기초하여 한 사람의 저자에 의해 그려진 사상사
로서 읽으면 명저이다.

—가잘리, 『철학자의 자기모순哲学者の自己矛盾』, 나카무라 고지로中村廣治郎
옮김, 平凡社, 2015년. 이 장에서 다룬 가잘리에 의한 철학자 비판의
완역. 자매서『철학자의 의도哲学者の意図』(구로다 도시오黑田壽郎 옮김,
岩波書店, 1985년)도 최근 주문형 출판이 이루어져 입수하기 쉬워졌다.

—토마스 아퀴나스, 『있는 것과 본질에 대하여在るものと本質について』, 이나가
키 료스케稻垣良典 옮김, 知泉書館, 2012년. 조금 어긋나지만, 아비센나의
형이상학을 이해하는 가장 좋은 교과서로서 토마스 아퀴나스의 이
초기 작품을 든다. 이 시기의 토마스 존재론은 대단히 강하게 아비센나
존재론의 영향을 받고 있으며, 이 책도 그와 같은 관점에서 읽을 수
있다.

제5장

토마스 정념론에 의한 전통의 이론화

마쓰네 신지松根伸治

1. 기본 개념과 사상 원천

『신학대전』 제2부의 구상과 정념론

토마스 아퀴나스의 주저 『신학대전』에 포함된 정념의 고찰을 읽으면, 우선 서술의 양이 많은 것이 눈길을 끈다. 신학의 교과서에 왜 이렇게 상세한 정념론이 쓰여 있는 것인지 기묘한 인상을 받을 정도이다. 『신학대전』에서의 논의는 좀 더 이른 시기에 『명제집 주해』나 『진리론』에서 정념을 다룬 부분과 비교하면, 제시의 방식을 꼼꼼하게 배려한 다음, 결말이 있는 체계를 지향한 성과이다. 정념론의 집필에 쏟아부은 열의는 그에게 있어 이 주제가 중요했다는 것을 보여준다. 이 장에서는 토마스의 정념론을 '전통의 이론화'라는 관점에서 파악하고, 서양 중세에서의 윤리 사상의 한 측면을 소개하고자 한다.

토마스 윤리학의 에센스를 응축한 『신학대전』 제2부의 1은 '신의 형상'인 인간을 고찰한다는 선언으로 시작한다. 인생의 궁극 목적과 행복을 논의하며 전체의 틀을 보여준 후(제1문제~제5문제), 논의의 대상을 '인간적 행위 그 자체'와 '인간적 행위의 근원'으로 정한다. 전자에 대해 행위 성립의 조건과 과정, 행위의 선악을 좌우하는 요소가 분석되고(제6문제~제21문제), 그 직후에 정념에 대한 논술이 이어진다(제22문제~제48문제). 이처럼 정념은 행위 그 자체의 범주에 자리매김하며, 정념론은 윤리학의 중추를 이루는 원리적 고찰의 일각을 차지한다.

그 후의 흐름도 간단히 살펴두자. 관점은 앞에서 구분한 행위의 근원으로 옮겨 간다. 내적 근원으로서의 습관의 중요성을 확인하고 선한 행위를 낳는 습관인 덕과 악한 행위를 낳는 습관인 악덕에 대해 음미한다(제49문제~제89문제). 이어서 사람을 선으로 향하여 움직이게 하는 외적 근원인 신은 법으로써 이끌고 은혜에 의해 돕는다는 관점에서 법과 은혜가 주제화된다(제90문제~제114문제). 이상이 제2부의 1의 개요이다. 토마스는 이러한 것들의 내용을 윤리의 '일반적 고찰'이라고 부르고, 이것에 구체적으로 살을 붙이기 위해 이어지는 제2부의 2에서는 믿음·소망·사랑이라는 세 개의 신학적 덕목과 사려·정의·용기·절제라는 네 개의 기본적 덕목을 기둥으로 한 덕의 각론을 전개한다.

『신학대전』제2부 전체의 얼개를 이렇게 조망하면, 토마스 윤리학의 중심 가운데 하나가 덕의 이론이라는 것을 알 수 있다. 덕의 개념은 '인간의 내재적인 질과 초월적인 신의 선물이라는 두 가지 대립적인 요소를 포함하는' 것이다(이나가키 료스케稲垣良典, 『토마스 아퀴나스 윤리학 연구トマス・アクィナス倫理学の研究』, 九州大学出版会, 1997년, 56쪽). 이에 반해 정념은 인간과 다른 동물들에 공통된 요소이다(제2부의 1 제6문제 서문). 그러나 사람이 신의 형상으로서 완성되는 과정에서 정념은 단지 극복되어야 할 마음의 흐트러짐이 아니다.

정념이란 무엇인가?

라틴어의 명사 파시오(수동)와 이에 대응하는 동사 파티레(받다, 겪다)의 용법은 넓다. 느슨한 의미에서는 대기가 빛으로 비추어지는 경우처럼 무언가를 받아들이는 변화를 모두 수동이라고 부를 수 있다. 인간의 지적 인식이나 감각 지각이 일종의 수동이라고 하는 것은 이런 의미이다. 하지만 통상적인 용어법에서는 무언가를 잃고서 다른 무언가를 받아들이는 것이 수동이다. 예를 들어 물이 차가움을 빼앗기고 따뜻해진다거나 사람이 건강을 잃고서 병을 앓게 된다거나 하는 그러한 종류의 변화이다. 전형적인 수동은 본성적으로 갖추어진 성질이나 상태를 빼앗기는 일이며, 정념(파시오)은 이와 같은 의미에서의 혼의 수동이다(『신학대전』, 제2

부의 1 제22문제 제1항).

중세의 스콜라 학자들은 혼의 내적 구조를 다음과 같이 생각했다. 혼에는 상위의 이성적 부분과 하위의 감각적 부분이 있다. 다른 한편 대상을 파악하는 인식과 대상으로 향하는 욕구하는 두 개의 기능이 있다. 이 구별의 조합에 따라 이성, 의지(이성적 욕구), 감각적 인식, 감각적 욕구라는 네 개의 기본적인 능력을 생각할 수 있다. 이성과 의지의 활동은 신체로부터 독립해 있지만, 감각적인 인식과 욕구에는 신체 기관이 필요하다. 다만 눈이라는 기관이 파란색의 형상을 받아들일 때 안구 자체가 파래지는 것은 아니며, 시각의 작용 자체는 물질적 변화를 포함하지 않는다. 다른 세 개의 능력과 비교하여 감각적 욕구의 특징은 신체나 물질에 가까운 위치에 있다는 점이다. 이러한 감각적 욕구의 현실 움직임이 다름 아닌 정념(파시오)이다(제22문제 제3항. 이하 출전 표기의 『신학대전』, 제2부의 1은 생략한다).

따라서 정념은 '수동'과 '움직임'의 두 면을 지닌다. 이 점을 좀 더 세밀한 관점에서 생각해보자. 감각적 인식이 외계의 사물을 파악할 때, 예를 들어 둥글다든가 희다든가 하는 단순한 정보뿐만 아니라 포동포동하고 맛이 좋을 것 같다는 느낌도 포함된다. 인식된 그러한 특질에 촉발되어 비로소 감각적 욕구가 반응하고, 눈앞의 만두를 먹고 싶다는 욕망이 생긴다. 그러나 이러한 욕구의 '움직임' 그 자체는 공간적인 이동이나 물리적인 변화가 아니다. 마음은 높이 솟아오르거나 부풀거나 움츠러들거나 아래로 깊이 내려가거나 한다. 그러한 식으로 우리는 말하지만, 이러한 표현들은 어디까지나 비유이다. 혼의 비물질적인 움직임에 호응하는 형태로 신체 측에서 열과 정기의 이동 등의 물질적 변화가 생기고, 평상시의 체내 균형이 변용을 겪는다. 이 점에서 전형적인 '수동'의 특질이 발견된다.

이와 같은 과정 전체를 '혼의 수동', 요컨대 '정념'이라고 부를 수 있다. 다만 인식은 욕구의 전제이지만, 정념 그 자체와는 구별된다. 나아가 정념의 생기에서 형상적인 위치를 차지하는 것은 감각적 욕구의 움직임이며, 그것에 수반되는 신체 변화는 질료적인 위치에 놓여 있다(제37문제 제4항, 제44문제 제1항). 이 두 측면은 이론적으로는 구별될 수 있지만, 현실적으로는 대단히 근접해 있기 때문에, 이 경우 수동의 주체는 혼만도 신체만도 아니며, 혼과 신체의 복합체로서의 인간이다.

혼돈에 형태를 부여하다

정념론을 구성하기 위해 토마스는 많은 선행자의 지혜를 활용한다. 첫째, 성서, 아우구스티누스, 위-디오뉘시오스(500년경), 다마스케누스(다마스코스의 요안네스, 650년경~750년경)라는 동서 그리스도교 사상의 계보가 있다. 둘째, 이 시기에 대학에서 연구가 진전된 아리스토텔레스의 저작이 주요한 전거이다. 나아가 그리스와 이슬람의 의학서와 자연학 색채가 짙은 혼론이 12세기 이후 라틴어역을 통해 알려지게 되고, 이것이 정념의 논의 방식에 새로운 국면을 열었다. 특히 아비센나의 『혼에 대하여』(『치유의 서』, 자연학 부문의 제6부)가 최신의 정보원 가운데 하나였다. 토마스의 설명에서도 의학적 내지 생리학적이라고 말할 수 있는 요소가 이곳저곳에서 발견되지만, 서술의 관심과 목표는 역시 신학자로서의 것이며, 데카르트가 『정념론』에서 보여주는 것과 같은 생리학자의 관점은 희박하다. 덧붙이자면, 직전 시기에는 프란치스코회 수도사 요한네스 데 루펠라(라 로셀의 요한네스, 1190/1200~1245)나 토마스의 스승인 알베르투스 마그누스 등이 정념의 이론적 고찰을 남겼으며, 이것들이 토마스의 가장 가까운 참조처이다.

유럽의 정념론 역사에서는 스토아학파가 중요하다. 그러나 중세 철학에 대한 아리스토텔레스의 영향은 상당히 상세하게 연구할 수 있는 데 반해, 스토아학파가 어떻게 수용되었는지를 정확히 설명하기는 어렵다. 토마스는 자주 '스토아학파의 사람들'에 대해 언급하지만, 구체적 교설에 관한 지식은 간접적이고 단편적이다. 정념에 관한 스토아학파 이해는 주로 아우구스티누스 『신의 나라』(제9권, 제14권)와 거기서도 빈번하게 인용되는 키케로(기원전 106~기원전 43)에 의한 정리에 의거한다.

이질적인 유래와 사상 경향을 지니는 이러한 저작들을 독해할 때, 토마스는 각각의 함의를 가능한 한 끌어내고자 한다. 그것들을 조정하면서 적절한 장소에 자리매김함으로써 혼돈된 논의에 일정한 방향과 구조를 부여하고자 한다. 다양한 의견을 지닌 사람들이 참가하는 회의를 생각해보자. 사회자가 우유부단하게 모든 의견을 받아들여서는 의사 진행은 혼란스럽고 수습이 되지 않는다. 그렇지만 참가자의 발언을 형식적으로 들을 뿐이고 사회자의 주장을 억지로 밀어붙이는 진행으로도 성과는 없다. 그런 의미에서 토마스는 대단히 우수한, 그것도 뛰어난 기량을 느끼게 하지 않는 중재자이다.

기개와 욕망

스콜라학에 공통된 이론 틀에서 감각적 요구는 더 나아가 '욕망적 능력'과 '기개적 능력'이라는 둘로 하위 구분되며, 이 구별은 대상의 다름에서 유래한다(제23문제 제1항). 여기서 말하는 '대상의 다름'이란 외계의 사물이나 자신의 행위의 어떤 측면에 빛이 비추어지는가의 차이이다. 욕망적 능력은 감각에 근거하여 자신에게 단적으로 적합한 선을 추구하고, 단적으로 해가 되는 악을 피하는 본성적 경향을 지닌다. 다른 한편, 선과 악이 '어려운 것'이라는 모습으로 나타날 때, 그 어려움에 대치하는 것이 기개이다. 이처럼 기개적 능력은 인간의 자연 본성적인 반응을 넘어서서 상황에 대처하고 상황을 타개하는 힘이라는 성격을 지닌다.

이 경우의 '선악'은 감각 수준에서 파악된 쾌락과 고통이나 이익과 해로움이며, 또한 당사자에게 그렇게 보인다는 점에 주의가 필요하다. 따라서 이성에 의한 판단과 어긋나는 때도 있다. 또한 선으로 보였던 것이 실제로는 진정한 선이 아니라고 후에 밝혀지거나 본인에게는 선으로 비추어지더라도 다른 사람의 객관적인 판단에서는 그렇지 않거나 하는 여러 상황이 생각된다.

혼과 신체의 관계나 혼의 능력에 관해 생각할 때 토마스가 가장 의지하는 것은 아리스토텔레스이지만, 기개와 욕망의 구분이 지닌 중요성은 직접적으로는 앞에서 이야기한 다마스케누스와 그의 전거인 네메시우스(에메사의 네메시오스, 4세기 말경)에게서 배운 것이다. 토마스는 정념론과 행위론에서 이 두 사람의 사상가를 매우 중시한다. 네메시우스의 『인간의 본성에 대하여』도 다마스케누스의 『정통 신앙론』(8세기에 쓰인 『지식의 샘』의 제3부)도 원저는 그리스어이지만, 이 시대에는 피사의 부르군디오(1110년경~1193)에 의한 라틴어역을 읽을 수 있었다. 두 개의 능력을 구별하는 발상의 연원은 이지·기개·욕망의 3구분이라는 『폴리테이아(국가)』의 탁견에 놓여 있지만, 토마스는 이러한 플라톤의 문장 자체는 직접 읽지 못했다.

2. 다양한 정념을 어떻게 이해할 것인가?

정념의 지도 ① ─ 대상과 방향

토마스에 의한 구체적 논술을 살펴보자. 반대 방향으로 작용하는 정념이 있다는 경험적 사실이 출발점이 된다(제23문제 제2항). 정념은 일종의 운동인 까닭에, 아리스토텔레스가 『자연학』에서 말하는 운동에 관한 이론에 기초하여 두 가지의 반대를 생각할 수 있다. 하나는 운동이 관계된 극의 대립에 기초하는 반대이며, 또 하나는 극에 대한 접근과 후퇴라는 반대이다.

　욕망적 능력의 대상은 무조건적으로 파악된 선과 악이다. 정의상 선은 추구해야 할 대상이고 악은 피해야 할 대상이기 때문에, 선으로부터의 후퇴나 악으로의 접근은 생기지 않는다. 이 경우 첫 번째 의미의 반대, 요컨대 선과 악이라는 극의 대립만을 기준으로 생각할 수 있다. 그리하여 욕망적 능력 속에는 선으로 향하는 움직임으로서 사랑, 욕망, 기쁨 등의 정념이 생기고, 다른 한편으로 악으로부터 물러서고자 하는 움직임으로서 미움, 기피, 슬픔 등의 정념이 생겨난다.

　이에 반해 기개적 능력에도 몇 가지 정념을 돌릴 수 있지만, 앞에서 이야기한 두 가지 방향의 반대가 성립하는 까닭에 복잡하다. 구체적으로는 선에 대한 접근과 후퇴, 악에 대한 접근과 후퇴의 네 가지가 생각된다. 우선 '선에 넣고 싶은 선'이라는 대상은 반대 방향으로 욕구를 움직일 수 있다. 왜냐하면 선인 한에서 마음을 끌어당기지만, 어려움이라는 측면이 마음을 받아치기 때문이다. 높은 산의 정상을 목표로 하는 등산인을 상상해보자. 아름다운 산 정상의 경치와 등정의 성취감을 생각하고 기분은 높아지지만, 험악한 등정로를 생각하면 되돌아가고 싶게 되기도 한다. 이처럼 어려운 선을 추구하는 정념이 희망이며, 그로부터 물러나는 것이 절망이다.

나아가 '회피나 저항이 어려운 악'과 관련해서도 마찬가지 현상이 있다. 그것은 악인 한에서는 달아나고 싶은 대상이지만, 어려움을 앞에 두고서 굴복을 허락하지 않는 마음의 작용이 생겨난다. 예를 들어 환자의 마음이 앞으로의 고통을 예측하고 기가 죽는 경우와 고된 치료에 굳이 도전하려고 떨쳐 일어서는 경우가 있다. 어려운 악에서 달아나려고 하는 정념이 두려움이며, 이에 맞서려고 하는 것이 담대함이다.

정념의 지도 ② ― 상호 관계

욕망적 능력 안에서는 세 그룹의 정념이 발견된다(제25문제 제2항, 제3항). 첫째, 자신의 본성에 적합한 선에 공명하고 호감을 품는 한편, 자신의 선을 위협하는 것, 자신에게 적대하고 자신을 해치는 것, 요컨대 자신에 대한 악에 대해서는 조화할 수 없다. 이것이 '사랑과 미움'이다. 이것들은 욕구와 대상의 말하자면 관계성 그 자체이며, 다른 정념의 기반이 된다. 두 번째 맞짝 개념은 '욕망과 기피'이다. 사랑하는 선이 아직 획득되지 않았을 때, 마음은 그 선에 끌리며 그것을 추구한다. 또한 미워하는 악이 아직 현전하지 않더라도 그것을 피하려고 하는 움직임이 생겨난다. 셋째, 이미 획득된 선과 이미 자신에게 일어난 악에 대한 정념이 있는데,

이것이 '기쁨과 슬픔'이다. 좀 더 즉물적으로는 '쾌락과 고통'이라고 할 수도 있을 것이다.

아직 자신에게 없는 대상에 관계되는가, 지금 바로 현전해 있는 대상에 관계되는가 하는 구별을 사용하여 토마스는 정념의 다름을 고찰하고 있다. 추구하고 있던 선이 자신의 것이 되고 마음이 채워졌을 때 사람은 기뻐한다. 다른 한편 달아나고 싶어 했던 악이 결과적으로 자신과 결부되었다고 느끼고서 사람은 슬퍼한다. 악의 인식은 선의 결여에 대한 인식에 지나지 않기 때문에, 슬픔은 무언가의 부재를 향한 정념이다. 그럼에도 우리에게 있어 슬픔의 현실성은 크다(제36문제 제1항).

기개적 능력에서는 첫째로 '희망과 절망'이 맞짝을 이룬다. 양자는 손에 넣기 어려운 미래의 선을 대상으로 하지만, 달성 가능한 것으로 간주한 선에 관계되는 것이 희망인 데 반해, 달성할 수 없다고 간주한 선에 관계되는 것이 절망이다. 요컨대 획득하기 어렵지만 획득이 불가능하지는 않은 선으로 향해 자라나는 마음의 작용이 희망이다(제40문제 제1항). 둘째로 '두려움과 담대함'의 맞짝이 있다. 이것들은 어느 쪽도 저항하기 어려운 미래의 악을 대상으로 한다는 점에서 공통된다. 대항 수단이 없고 영속한다고 생각되는 악을 예측했을 때, 자신을 그 대상이 삼켜버릴 것을 상상하여 위축되는 움직임이 두려움이다. 다른 한편 같은 대상을 앞에 두고 자신이 그 대상을 극복할 수 있는 가능성에 내기를 거는 것이 담대함이다(제45문제 제1항).

나아가 노여움이라는 정념도 기개적 능력의 중요한 작용이다. 지금 바로 자신을 해치고 있는 어려운 악을 앞에 두고, 이것을 공격하는 움직임이 노여움이지만, 이것과 맞짝을 이루는 정념은 발견할 수 없다(제23문제 제3항).

정념이라는 복잡한 현상을 생각하기 위해 토마스는 정확하고 신뢰할 수 있는 지도를 그리고자 한다. 감정과 욕망은 우리에게 친숙한 것이지만, 그것을 말할 때의 말은 자주 모호해진다. 이러한 불명료한 어법을 음미하고 개념의 윤곽과 관계를 명확히 함으로써 전망을 잘해야만 한다. 위에서 언급한 11개의 정념이 '종적으로 다른 정념'의 모든 것이라고 토마스는 단언하고, 다른 다양한 정념은 이것들 가운데 어느 것인가에 포함된다고 간주한다(제23문제 제4항). 연민, 질투, 수치심, 놀람 등의 정념은 토마스적인 개념의 배치에 따르면 한정적이고 부차적인 것이 되지만, 자리매김이 미묘하고 어렵다는 의미에서는 오히려 중요한 고찰 대상이라고도 말할 수 있다. 실제로 이것들에 대해서도 『신학대전』에서는 각각에 검토의 장이 확보되어 주제화되고 있다.

인간적 성숙과 정념

정념은 외계에 대한 응답이며, 인간 이외의 동물에게도 확실히 비슷한 메커니즘이 있다. 만약 정념 그 자체를 다른 요소로부터 분리하여 생각하게 되면, 거기서 선악은 발견되지 않지만, 현실에서는 그러한 존재 방식을 하고 있지 않다. 정념이 선악과 깊이 관계되는 것은 이성과 의지와의 결부 아래 놓여 있기 때문이다(제 24문제 제1항).

종적으로 구별된 정념은 어느 것인가가 선이고 어느 것인가가 악이라는 것이 아니다. 일반적으로 긍정적인 정념으로 생각되는 사랑과 희망이 언제나 선한 것이고, 부정적인 정념으로 여겨지는 미움과 절망이 언제나 나쁜 것이라고는 말할 수 없다. 그러나 그것들은 자기와 대상의 구체적인 관계 속에서 반드시 선이나 악의 성격을 띠게 된다. 마음에 생기는 다양한 정념은 당사자가 세계와 어떻게 관계하는지 그 태도를 보여준다는 의미에서 무엇보다 윤리와 행복의 문제이다. 따라서 토마스에게 있어 정념의 이해는 역시 생리학이 아니라 철학과 신학의 과제였다.

처음에 본대로 정념은 언제나 신체 변화를 동반하며, 양자의 결부는 긴밀하다. 기뻐서 뺨이 홍조를 띠고, 슬퍼서 눈물이 흐른다. 다만 생리적 반응 그 자체는 정념의 본질이 아니다. 또한 정념은 인식을 불가결한 전제로 하며, 역으로 인식에 미치는 영향도 크다. 그렇지만 정념은 어디까지나 욕구 능력의 활동이기 때문에, 인식 작용 그 자체와는 엄격히 구별된다. 그리고 구체적인 대상이나 행위가 어떻게 보이고 어떤 경우에 어떠한 정념이 생기기 쉬운지를 좌우하는 중요한 요인은 그 사람의 마음에 갖추어진 습관(하비투스)이다.

토마스의 생각에서는 욕망적 능력을 완성으로 이끄는 것은

'절제'를 중심으로 하는 여러 가지 덕이다. 바람직한 대상에 대한 애착과 그것에 손에 들어오지 않을 때의 낙담은 우리에게 자연스러운 것이지만, 자주 중용을 벗어나는 경향이 있다. 특히 음식과 성에 관한 쾌락과 고통은 크며, 그 통제는 윤리의 기반임과 동시에 인간다운 문화의 원천이기도 하다. 절제의 덕은 단순한 삼감이나 금욕과는 다르다. 그것은 자기 자신을 응시하고 명랑한 맑음을 지향하는 마음의 존재 방식이라고 특징지을 수 있다(요제프 피퍼 Josef Pieper, 『4주덕에 대하여 ― 서양의 전통에서 배운다四極要德について―西洋の伝統に学ぶ』, 마쓰오 유지松尾雄二 옮김, 知泉書館, 2007년, 특히 180~185쪽, 239~242쪽을 참조). 이리하여 욕망을 둘러싼 인격 도야의 목표는 정념을 전면적으로 제거하는 것이 아니며, 미쳐 날뛰는 정욕을 길들이는 것에 한정되는 것도 아니다.

다른 한편 기개적 능력을 완성으로 이끄는 것은 '용기'를 중심으로 하는 여러 가지 덕이며, 두려움과 담대함의 조절이 그 주된 임무이다. 자기와 세계가 접촉하는 장면에서 만나는 난국을 앞에 두고 마음은 꺾어지기 쉬운 까닭에, 부드러운 탄력(저항력·회복력)이 필요해진다. 희망을 배경으로 한 자기 긍정의 감정이 없으면 마음은 비굴해져 시들고 만다. 그러나 역으로 허영과 야심으로 부풀어 오른 기분을 제어하는 것도 사람의 성장에는 빠질 수 없다. 기개에 관련된 덕의 주요한 목적은 마음을 강하게 하는 것이라고 말할 수 있지만, 이상과 같이 생각하게 되면 우리가 지향해야 할 강인함의 내실은 단순하지 않다는 것을 알 수 있다.

정욕의 폭주나 마음의 약함은 다른 동물들에게는 인연이 없으며, 인간 고유의 성가신 괴로움이다. 그 근본적인 이유는 자연 본성이 원초적인 죄에 의해 '상처'를 입었던 것에서 찾아지지만, 이 점 자체는 인류에게 주어진 조건이자 출발점이다. 토마스는 정념을 혼의 '혼란'과 '질병'으로 간주하는 태도와는 거리를 둔다. 감각적 욕구는 이성이나 의지와 조화롭게 작용할 수 있는 능력이며, 그 조화를 토대로 생겨나는 다채로운 정념은 오히려 인간의 성숙과 행복에 대해 불가결한 요소이다(제24문제 제2항, 제3항).

정념의 지도 ③ ── 연쇄

욕망적 능력의 정념이 생겨나는 모습을 단순화하면, 행복한 줄거리는 선에 대한 접근 계열에서 **사랑**에 기초한 **욕망**의 움직임이 대상을 획득한 기쁨에서 안식한다. 불행한 줄거리는 악으로부터의 후퇴 계열에서 미움에서 발단한 기피의 시도가 좌절의 슬픔으로 결말을 맞이한다. 언제나 이렇게 정념이 이어진다는 의미는 아니며, 예를 들어 욕망이 충족되지 않으면 슬픔이 생겨나는 등, 현실에서는 우여곡절과 갈등이 있다. 또한 앞에서 말한 대로 언제나 기쁨이 행복이고 슬픔이 불행이라는 것도 아니다. 악의 체험 자체는 꺼림칙한 것이지만, 인생에서 불가피하다. 악을 만나 적절히 슬퍼하는 것은 우리에게 있어 오히려 좋은[선한] 것이자 유익한 것이다(제39문제 제1항, 제3항).

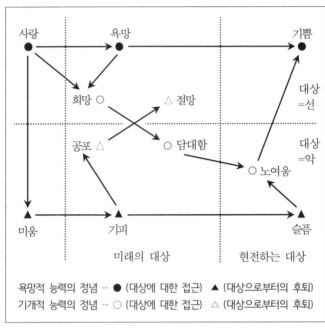

〈개략도〉 종적으로 다른 11개의 정념

　　정념 상호간의 연결을 고찰할 때, 선을 대상으로 하는 작용 쪽이 악을 대상으로 하는 작용보다 본성적으로 선행한다는 것, 또한 대상과 작용의 관계에서 본래적인 것은 '선의 추구'와 '악의 기피'라는 것, 이 두 가지 원칙이 실마리가 된다. 그래서 기개적 능력의 정념은 희망(선의 추구)이 절망(선의 기피)에 선행하며, 두려움(악의 기피)이 담대함(악의 추구)에 선행하는 기본적 질서를 지니며, 현전하는 악에 맞서는 노여움은 마지막에 자리매김한다

(제25문제 제3항). 다만 실제의 생기 과정을 생각하면, 내실로서 깊은 결합이 있는 것은 어려움으로 전진하는 두 가지이며, 희망에 동반하여 담대함이 생겨난다. 마찬가지로 다가와야 할 어려움을 앞에 두고 뒷걸음치는 두 가지가 긴밀히 관계하며, 두려움에 수반하여 절망이 생겨난다(제45문제 제2항).

노여움의 자리매김은 복잡하게 얽혀 있다. 자신을 실제로 해치는 사태나 인물을 '악'으로 파악하여 공격에 나서지만, 실현해야 할 보복과 관련해서는 '선'의 측면이 보인다. 이리하여 악에 대한 슬픔에 더하여 현상 타개를 향한 희망과 담대함이 노여움의 전제가 된다. 그리고 공격이나 보복이 성취되면 기쁨이 동반한다(제46문제 제2항, 제48문제 제1항).

새롭게 전체상을 생각해보자. 기쁨과 슬픔은 모든 정념의 움직임을 종결시키는 위치에 있으며, 운동에 대한 정지에 비유할 수 있다는 점에서 특별한 성질을 지닌다(제25문제 제3항, 제4항). 기개의 정념 그룹에는 욕망과 기피가 선행한다. 왜냐하면 욕망의 성질에 대상을 추구하는 강력함이나 상승을 더한 정념이 희망이며, 기피의 성질에 피하기 어려운 대상에서 오는 중압이 더해진 정념이 두려움이기 때문이다(제25문제 제1항). 나아가 그것들 모두의 근저에는 사랑과 미움이 놓여 있다. 다만 앞의 원칙에 기초하여 악에 대한 반발인 미움보다 선에 대한 공명인 사랑 쪽이 선행한다(제29문제 제2항).

따라서 이와 같은 정념 연쇄의 단서는 무엇보다도 사랑이다.

이러한 사고방식은 『신학대전』에서 정념에 대한 개별적 논의에서 사랑의 고찰이 서두에 위치하는 것에서도 표현된다. 일련의 과정의 출발점일 뿐 아니라 그 전체를 꿰뚫고서 작용하는 기저적인 요소가 사랑이다. 이처럼 사랑을 핵심에 놓는 구상 자체는 아우구스티누스 이래의 그리스도교 사상 전통을 이어받는 것이다.

3. 정념론의 목적과 배경

의지의 발견에서 주의주의의 진전으로

이와 같은 정념의 네트워크는 이성이나 의지와 제휴하여 현실화하고 있는 까닭에 실제로는 좀 더 복잡한 설명이 가능할 것이다. 나쓰메 소세키의 『풀베개』의 서두에 '이지로 움직이면 모가 난다. 정에 기울어지면 이리저리 휘둘린다. 고집을 부리면 옹색해진다'라고 되어 있다. 이것 자체는 지·정·의 각각의 난점을 보여주는 경구이지만, 이성·정념·의지, 이 3자의 균형에 대한 권고로도 이해할 수 있다. 고집은 오히려 기개에 가깝다고 생각하면 관계는 복잡해서 알기 어려워지지만, 지금 그 점은 묻지 않고 의지에 대해 조금 생각해보고자 한다.

사상사적으로 정확한 전망을 제시하기 어렵지만, 고대 그리스 철학에는 '의지'(라틴어의 voluntas, 근대어 volonté, will, Wille 등)에

딱 들어맞는 말이 없으며, 의지는 후대의 발견이라고도 할 수 있다. 확실히 그리스어의 욕구(불레시스), 의욕(텔레시스), 욕망(에피튀미아) 등의 말은 의지에 가까운 요소를 지닌다. 플라톤 유의 기개(튀모스), 아리스토텔레스의 선택(프로아이레시스)이나 자발적(헤쿠시온), 스토아학파에 의한 동의(성카타테시스) 등의 개념에서 의지와의 유사를 발견하는 학설도 있다면, 『구약성서』와 『신약성서』에서의 용어 전통을 지적하는 사람도 있다. 그러나 이러한 개념들은 어느 것이든 인간의 마음과 행동을 논의하는 열쇳말로서 아우구스티누스가 사용한 '의지'와 같은 정도의 두드러진 윤곽을 갖추고 있었다고는 말하기 어렵다. 그런 까닭에 아렌트가 아우구스티누스를 '의지의 최초의 철학자'라고 부르는 것에는 정당한 이유가 있다(『정신의 생활精神の生活』하권, 사토 가즈오佐藤和夫 옮김, 岩波書店, 1994년, 102쪽 이하).

스콜라학의 의지 개념은 이성이 보여주는 대상으로 향하기 위한 행위의 원동력이라는 역할과 죄의 주요한 책임이 돌려져야 할 부분이라는 자리매김의 양면을 특징으로 한다. 이런 의미에서 의지 없이는 스콜라의 윤리학이 성립하지 않는다. 토마스는 이성과 의지가 상호적으로 움직이는 관계를 중시하고, 양자 각각이 정념과 관계하는 짜임새를 해명하고자 했다. 하지만 그의 사후에는 의지의 자율이나 자발성을 중요시하는 강의 헨리쿠스(1240년 이전~1293)나 프란치스코회 수도사들과 행위에서의 이성의 역할을 중시하는 퐁텐의 고드프루아(1250년 이전~1306/09) 등의 사이에서 대립이 첨예화하고, 주의주의와 주지주의의 논전이 격렬해졌다. 추세로서는 1277년의 금지령에서도 구체화하였듯이 의지를 핵심에 두고서 윤리나 행복을 생각하는 경향이 주류가 되어간다.

주의주의적인 정념 논의에는 토마스와의 현저한 다름이 놓여 있다. 우선 둔스 스코투스나 윌리엄 오컴은 '의지의 정념'에 대해 논의한다는 점에서 토마스와 근본적으로 다른 사유의 틀을 보여준다. 나아가 그들은 모든 윤리적 덕의 자리를 의지라고 간주한다. 토마스는 '이성적 욕구'인 의지와의 다름은 중시하면서도 정념이 생겨나고 덕이 발휘되는 중요한 장으로서 '감각적 욕구'를 자리매김하고 있었다. 이에 반해 윤리를 떠맡는 것은 혼의 상위의 능력이어야만 한다는 사고방식이 유력해지는 것이 13세기 말 이후의 하나의 특징이다. 이와 같은 배경에서 보았을 때, 용기나 절제 등의 윤리적 덕이 기개와 욕망의 능력 속에서 성립한다는 토마스의 발상은 오히려 소수파라고 할 수 있을 것이다.

토마스 정념론은 무엇을 위해 쓰였는가?

토마스의 정념론이 동시대의 학자들에게 어떻게 읽혔는지는 명확하지 않다. 방금 이야기한 변화는 있지만, 토마스의 이론을 대폭으로 수용한다거나 역으로 정면에서 비판한다거나 함으로써 성립한 체계적인 정념의 이론은 눈에 띄지 않기 때문이다. 이와 같은 이를테면 토마스의 고립에 대해 야마우치 시로山內志朗가 「중

세 철학과 정념론의 계보^{中世哲学と情念論の系譜}」에서 지적하고 있다. 야마우치는 토마스의 논의를 '질·양 모두 정념론의 보고'라고 하면서도 수도원 신학으로부터 장 제르송^{Jean Gerson}(1363~1429)으로 이어지는 흐름을 중세다운 계보로서 제시하고, 토마스의 이론에 대한 평가는 양가적이다(『서양 중세 연구^{西洋中世研究}』 제1호, 2009년, 75~86쪽).

마지막으로 새롭게 토마스가 상세한 정념론을 쓴 목적과 의의를 생각해 정리하고자 한다. 사항 자체와 전거의 다양성 양방향에서 유래하는 뒤얽힘을 풀어내는 것이 그의 과제였다. 윤리에서의 정념의 역할을 토마스가 중시하고, 친근하지만 복잡한 이 현상의 해명에 힘을 쏟은 것은 지금까지 보아온 그대로이다. 이것과 관련하여 다음의 세 가지 점을 지적할 수 있다.

첫째, 『신학대전』의 구성 측면에서 제2부의 1의 정념론에서 분석된 사항은 덕을 중심으로 하는 윤리학의 불가결한 전제가 되어 있다. 정념에 관계되는 덕과 악덕의 고찰에 대해 필요하다는 점에 더하여, 정념을 가리키는 데 사용되고 있던 말이 그대로 전용되어 덕과 악덕 등의 마음의 항상적인 상태를 나타내는 경우도 많다. 예를 들어 사랑과 희망은 덕의 이론에서도 핵심 용어가 되며, 노여움을 악덕으로 논의하는 부분도 있다. 제2부의 2에서는 '정념에 대해 논의할 때 이미 말했듯이'라는 정형적인 어구가 자주 나오는데, 토마스가 독자에게 저작 내의 상호 참조를 촉구하며 논의의 연결을 의식하게 하고자 한다는 것을 알 수 있다.

둘째, 교회나 수도회가 신도의 생활을 이끌기 위한 이론적 정비라는 면에 주목할 수 있다. 1215년의 제4차 라테라노 공의회에서 해마다 한 번의 고해가 일반 신도에게 의무로 부여된 일도 있어 정념을 둘러싼 인간 이해는 사목을 떠맡은 사람들에게 있어 긴급한 과제였다. 실제로 토마스가 『신학대전』 제2부를 집필한 의도의 하나는 청죄 사제를 위해 쓰인 당시의 안내서에서의 비체계적인 서술을 극복하는 것에 있었다고 생각된다(이 점에 대해서는 야마모토 요시히사山本芳久, 『토마스 아퀴나스 긍정의 철학トマス・アクィナス 肯定の哲学』, 慶應義塾大学出版会, 2014년, 84~101쪽이 명쾌하고 설득력이 있다).

셋째, 그리스도의 정념이라는 논점과의 관계가 있다. 『신학대전』 제3부에서는 그리스도가 고난을 받을 가능성이 물어지며, 괴로움, 슬픔, 두려움, 놀람, 노여움의 존재와 그 의미가 논의된다(제15문제 제4항~제9항). 여기서 파시오는 '정념'에 더하여 '수난'도 의미하므로 그리스도교 신학의 핵심에 닿게 된다. 제2부의 정념론이 그리스도의 정념과 수난을 논의하기 위해서만 쓰였다고 하는 것은 지나친 말이겠지만, 토마스가 제3부를 염두에 두고서 선행하는 부분을 집필한 것은 틀림없다. 그렇게 생각하면, 제2부의 정념론은 제3부의 그리스도의 정념론과 왔다갔다하면서 읽어야 하는 것이라고 말할 수 있다.

마치며

토마스의 사상을 '호수'에 비교한 야마우치 도쿠류山內得立의 강의에 대해 야마다 아키라山田晶가 회상한다. '서양의 예부터의 사상은 모두 일단 이 호수 속으로 흘러들어와 거기서 여과되어 맑아지며, 또한 몇 개의 실개천이 되어 근세 쪽을 향해 흘러간다'라는 이미지이다(야마다 아키라 책임 편집, 『토마스 아퀴나스トマス・アクィナス』, 세계의 명저 20世界の名著20, 中央公論社, 1980년, 7쪽). 확실히 토마스의 정념론에서도 많은 사상 원천이 발견된다. 서두에서 '전통의 이론화'라고 말했지만, 참조되고 있는 것은 여러 개의 다채로운 전통이다. 토마스는 다수의 텍스트 각각의 중요한 곳을 포착한 다음, 그로부터 끌어낸 아이디어나 용어를 수미일관한 방침에 따라 관련지으면서 독자적인 이론을 만들어내고 있다.

이 장에서는 논의의 기본적 구조를 추출하는 것에 집중했지만, 여기서 살펴본 일반 이론을 토마스가 개별적인 고찰에 적용하는 장면도 읽을 만하다. 정념론의 범위 내에서도 언급할 수 없었던 흥미로운 화제는 많다. 예를 들어 사랑은 그 주체에게 상처를 입히는가, 사람은 진리를 미워할 수 있는가, 욕망은 무한한가, 괴로움이나 슬픔은 눈물로 누그러지는가, 동물에게도 희망이 있는가, 두려움은 사람을 사려 깊게 하는가, 노여움은 침묵을 생겨나게 하는가, 등등이 그것들이다(이것들은 '항'에서 다루어지는 주제의 예이지만, 제2부의 1의 정념론에는 모두 132의 항이 포함된다).

나아가 제2부에서의 덕과 악덕을 둘러싼 서술에서는 인간 심리에 대한 통찰과 그리스도교 문화의 반영이 많이 발견되며, 제2부의 1에서의 틀이 피가 통하는 구체성을 갖추고서 전개되고 있다. 독자에게는 『신학대전』 제2부의 궁금한 부분을 기대를 갖고 즐기면서 읽어볼 것을 권고하고 싶다.

☞ 좀 더 자세히 알기 위한 참고 문헌

— 야마모토 요시히사山本芳久, 『토마스 아퀴나스. 긍정의 철학トマス·アクィナ
ス 肯定の哲学』, 慶應義塾大学出版会, 2014년. 감정의 이론을 실마리로 하여
토마스 철학을 관통하는 특징으로서 세계와 인간에 대한 긍정과 찬미라
는 면을 강조하는 참신한 연구서. 구체적인 텍스트에 기초하여 토마스
논술의 매력을 가르쳐준다.

— 니콜라스 E. 롬바르도Nicholas E. Lombardo, 「토마스 아퀴나스의 감정론トマス
·アクィナスにおける感情論」, 사로도 시게키佐良土茂樹 옮김, 『가톨릭 연구カト
リック研究』, 上智大学神学会 엮음, 제82호, 2013년. 신학적 관점도 포함하여
다양한 논점이 다루어지고 있으며, 토마스 논의의 풍부함과 넓이를
잘 알 수 있다.

— 이케가미 슌이치池上俊一, 『신체의 중세身体の中世』, ちくま学芸文庫, 2001년.
중세인의 감정과 감각에 대해 생각하는 재미와 의의가 여러 사례에
의해 생생하게 전해진다. 역사학에서는 감정사 연구가 대단히 활발하고
출판물도 많으며, 이 분야는 역사학과 철학의 유익한 대화의 마당이
될 수 있다.

칼럼 3

그리스도의 몸

고이케 히사코小池壽子

  그리스도의 십자가 처형 형상은 예배 형상으로서 기능하면서도 13세기 이후 죽음의 양상을 심화시켜 간다. 신의 아들 예수를 둘러싼 양성론(신성과 인성)은 삼위일체론과 밀접히 관계되는 가운데 신학상의 논점이 되는 한편, 신비주의의 설명이나 '새로운 경건' 등의 신앙 운동의 확산은 '자애의 사람'(이마고 피에타티스)이나 상처를 강조하고 수난의 도구들을 동반하는 '아르마 크리스티'와 같은 다양한 고통의 그리스도 도상圖像을 꽃피웠다. 트랑시[사체] 묘상墓像이나 '죽음의 무도' 등 썩어버리는 죽은 자의 도상이 유행한 배경에는 죽은 그리스도의 몸을 구원의 메타포로 하는 사상 체계가 놓여 있다. 썩어버리는 육체에 불사성을 부여하고 죽어야 할 인간에게 강인한 구원 원망을 불어넣는 역설적인 신체론의 초석이 된 것은 바울의 말이었다.

  바울은 그리스도의 부활에 따라 썩어가는 천한 죽은 자도 썩지 않는 것, 영광스러운 것, 강력한 것으로 부활한다고, '즉, 육체적인 몸으로 묻히지만, 영적인 몸으로 다시 살아난다'(「고린토인들에게 보낸 첫째 편지」 15:42~44)라고 했다. 썩어버리는 몸이 영적인 신체로 된다고 하는 신념은 특히 트랑시상 출현의 근거가 되었다. 사후 육체의 변화를 보여주는 이러한 트랑시(옮겨감)상의 두드러진 특징은 1380년 경부터 16세기를 통해 유포된 묘상에서 보인다. 죄의 증거인 썩는 몸을 드러냄으로써 죄를 고백하고 구원을 기원하는 특이한 묘상이다. 특히 잉글랜드의 묘비는 상부에 생전의 옷을 걸친 횡와상橫臥像, gisant, 하부에 트랑시상을 두는 이층 구조를 지닌다. 그 기원과 기능에 대해서는 에른스트 칸토로비츠Ernst Hartwig Kantorowicz 지음, 『왕의 두 신체』 등의 뛰어나고 방대한 논고가 있다.

이 이층 구조와 관계되는 것이 장송 의례에서의 '왕의 초상'이다. 장례 행렬에서의 유해의 공시는 1327년 9월 21일에 사망한 에드워드 2세의 장례 의식에서 처음으로 왕의 용모와 닮은 장의용 초상이 사용되어 장송 의례의 전개를 촉진한다. 이후 이 초상은 프랑스 왕위 계승자 헨리 5세의 장의, 그보다 두 달 후에 사망한 프랑스 국왕 샤를 6세의 장의에서도 사용되어 16세기 프랑스 왕가의 장려한 장송 의례의 막을 열게 되었다. 살아 있는 것 같은 국왕의 장의용 초상을 운반하는 관대 아래에는 사그라지는 몸뚱이가 천으로 숨겨져 있었다.

이러한 정치적 신체와 자연 신체의 대치에는 신체를 제도적으로 분할하는 발상이 놓여 있으며, 왕후 귀족의 유해를 심장, 오장육부, 뼈의 셋으로 나누어 매장하는 11세기 이후의 관습과 관계된다. 셋으로 나누어지더라도 그리스도의 신체로서 통일되는 국가에 있어서는 하나로 결합될 수 있다는 이념 역시 바울의 '교회는 그리스도의 몸'이라는 언설을 연원으로 하여 형성된 것이다. 그리스도의 몸은 이리하여 인간 개인의 구원뿐만 아니라 국가 이념의 메타포로 그 지평을 넓히고, 그리스도교 유럽 전체를 포섭하는 중요한 개념이 되었다.

유럽·서아시아 중세 철학 지도

● = 1350년까지 생겨난 대학
▲ = 주요 학자 출신지
★ = 그밖의 주요 도시

코페르니쿠스

중앙아시아
부하라
이븐 시나

시시의 프란체스코

콘스탄티노폴리스 ★

이븐 쿠라
이븐 타이미야   하란 ▲
         안티오키아
바타니   테카 ▲
알 샤티르   ▲
         다마스쿠스

★ 아테나이

★ 예루살렘

★
알렉산드리아

제6장

서양 중세의 인식론

　이 제6장 「서양 중세의 인식론」은 다른 장들과 동등한 비중으로 원저에는 수록되어 있으나 한국어판에서는 번역 게재하지 않았다. 이는 원저의 저작권자로부터의 "필자가 외국어로 번역되는 것을 기대하지 않는다"라는 말을 인용하여 번역 게재를 할 수 없다는 통보에 따른 것이다. 이 점에 대해 한국어판 독자 여러분의 양해를 구한다. (한국어판 편집자 주)

제7장

서양 중세 철학의 총괄로서의 유명론

쓰지우치 노부히로 辻內宣博

1. 서양 중세 철학과 보편 논쟁

서양 중세 철학이란

서양 중세 철학이란 결국 어떠한 철학을 가리키는 것일까? 이 물음에 대답하기는 사실 대단히 어렵다. 예를 들어 역사의 출발점에서 바라보아 서양 중세 철학이란 이성에 기초한 고대 그리스 철학을 사용하여 신앙에 기초한 그리스도교를 설명하려고 한 '그리스도교 철학'이라고 하는 진단은 어떠할까? 요컨대 서양 중세 철학은 이성과 신앙을 뒤섞어 만들어낸 사상이며, 엄밀하게는 철학이라고는 도저히 말할 수 없는 것이라는 진단이다. 실제로 신의 존재 증명이라든가 그리스도교의 신에 특유한 삼위일체론의 설명이라든가 신의 은총과 인간 자유의지의 관계라든가 하는 점이 논의되고 있는 것이 아닐까? 그러나 이성에만 의거하는 학문(철학)과 신앙에도 의거하는 학문(신학)을 주의 깊게 구별하여 논의하는 서양 중세 철학의 현장을 보게 되면, 이 진단이 부분적으로는 들어맞는다고 하더라도, 이것으로 모든 것이 마무리된다고는 도저히 말할 수 없는 듯하다(좀 더 상세한 설명은 제1장 '도시의 발달과 개인의 각성'을 참조).

그러면 반대로 역사의 종착점에서 바라보아 서양 근세 철학의 시조라고 하는 르네 데카르트(1596~1650)로부터 역으로 빛을 비추어보면 어떠할까? 요컨대 아리스토텔레스와 같은 사유의 짜임새에 대해 남김 없는 의심을 던지고, 처음부터 새롭게 철학을 다시 만들고자 하는 것이 데카르트의 의도라고 한다면, 적어도 12세기 르네상스 이후의 서양 중세 철학은 '아리스토텔레스주의 철학'이라고 하는 진단은 어떠할까? 실제로 갈릴레오 갈릴레이(1564~1642)가 천동설에 대항하여 지동설을 주장했을 때, 천동설의 이론적 지주가 되었던 것은 아리스토텔레스였으며, 이 아리스토텔레스야말로 그리스도교 교회의 아주 커다란 권위가 되어 있었던 것은 아니었을까? 요컨대 서양 근세 철학도 서양 근대 과학도 아리스토텔레스의 철학적이거나 자연학적인 틀을 근본적으로 전환함으로써 성립하는 국면을 지니는 것이 아닐까? 그렇다면 서양 근세나 근대에 극복되는 측인 서양 중세 철학은 아리스토텔레스주의적인 것이라고 말이다. 그러나 이 진단도 큰 틀로서는 옳다고 하더라도,

서양 중세 철학의 내부를 상세히 검토하면, 비–아리스토텔레스주의적인 국면도 수많이 볼 수 있다.

이상으로부터 서양 중세 철학을 하나의 통반석과 같은 지적 영위로서 특징짓는 것은 사실상 거의 불가능하다는 점은 부정할 수 없다. 실제로 서양 중세 철학의 현장에서는 실로 다채로운 주제들과 더불어 다종다양한 각도에서 철학적인 논의를 하는 모습이 나타난다. 그렇지만 서양 중세 철학 전체를 통해 계속해서 문제가 된 관점이 없는 것은 아니다. 그 하나가 '보편 논쟁'이다(그 밖에 제3장 '서양 중세에서의 존재와 본질'도 이러한 관점의 하나이며, 이 장에서 전개되는 이야기와도 관계를 지닌다).

보편 논쟁이라는 관점

이 세계에는 존이나 바둑이, 이 책상이나 저 책상과 같은 하나하나의 개별자밖에 실제로는 존재하지 않는다. 그러나 다른 한편 존이나 바둑이, 이 책상이나 저 책상과 같은 개별자가 '개'나 '책상'이라는 범주에 속한다고 우리 인간은 머릿속에서 이해할 수 있다. 그렇다면 존이나 바둑이에 공통된 범주로서의 '개', 요컨대 존이나 바둑이에게 공통되게 술어로서 주어지는('존은 개다', '바둑이는 개다') '개'는 과연 어디에 존재하는 것일까? 그것은 실재하는 존이나 바둑이라는 개별자에 내재하는 것일까, 그렇지 않으면 우리 인간의 지성 속에서밖에 존재하지 않는 것일까?

이 문제에 대해 보에티우스(480년경~524)는 진위 판정이라는 각도에서 '개'라는 보편은 존이나 바둑이라는 개체 속에 실재한다고 생각했다. 요컨대 '존은 개다'라는 명제가 참인 것은 눈앞에 실재하는 존이 '개'라는 존재 방식을 무언가의 방식으로 실제로 지니고 있기 때문인바, 역으로 우리 인간은 눈앞의 존이나 바둑이와 같은 개체를 관찰하고 그 존이나 바둑이라는 개체의 존재 방식으로부터 추상하는 마음의 활동을 통해 무언가의 방식으로 존이나 바둑이에 내재하는 '개'로서의 보편적인 특성을 붙잡고 '개'라는 보편적인 개념을 마음속에 지니기 때문이야말로 '존은 개다'라는 명제가 참이라고 판단할 수 있는 것이다. 이와 같은 사고방식이 '실재론'이라고 불린다.

다른 한편 윌리엄 오컴은 '오컴의 면도날'이라고 말해지는 원칙 — 같은 현상을 설명하는 두 개의 이론이 있을 때, 좀 더 단순한 이론을 채택해야 한다는 원칙이며, 뒤집어 말하면, 어떤 이론이 내버려지는 것은 불필요한 설명을 개입시키고 있기 때문이라는 원칙이기도 하다— 에 따라서 '개'라는 보편적인 개념으로 표현되는 것을 존이나 바둑이와 같은 개체에 내재시킬 필요는 없으며, '개'라는 보편이 우리의 마음속에 있는 언어나 개념으로서 존재한다면 충분하다고 생각했다. 따라서 '존은 개다'라는 명제의 진위는 실제로 존을 관찰하여 추상함으로써가 아니라 개라는 보편적인 개념이나 언어가 어떠한 특성을 지니는 것인지에 따라 판단된다. 요컨대 언어나 개념들의 관계인 논리학의 범위 내에서 진위 판정이 이루어지는 것이다. 이와 같은 사고방식이 '유명론'이라고 불린다.

보편 논쟁의 역사적 소묘

이러한 '보편'의 존재를 둘러싼 논쟁은 역사적으로 조망해보면, 확실히 5~6세기의 보에티우스에게서 시작되고, 12세기의 샹포의 기욤(1070년경~1122), 페트루스 아벨라르두스(1079~1142), 콩피에뉴의 로스켈리누스(1050년경~1125년경) 등의 논쟁을 거쳐 13세기의 알베르투스 마그누스, 토마스 아퀴나스, 둔스 스코투스 등의 전성기 스콜라 철학으로 계승되는 국면을 간취할 수 있다.

그리고 14세기의 오컴에게서 '보편'의 실재성이 불필요한 것으로서 면도날로 그은 듯 잘라내어지지만, 그 논의에서 중요한 논점을 짊어진 것이 4~5세기의 교부 아우구스티누스(354~430)의 '기호로서의 언어'와 '내적 언어'에 대한 이해이다. 그렇지만 오컴에 의한 유명론의 발안으로 보편 문제가 최종적인 해결에 도달한 것은 전혀 아니며, 그 후에도 마찬가지로 14세기의 장 뷔리당Jean Buridan(1300년경~1362년경), 리미니의 그레고리우스(1300년경~1358), 작센의 알베르투스(1320년경~1390), 니콜 오렘 Nicole Oresme(1320년경~1382)과 같은 인물들에 의해 '유명론' 내부에서의 이해가 더욱 다양화되어 이미 '유명론'이라는 용어로는 하나로 묶을 수 없다고까지 생각할 수 있을 정도로 다양성으로 가득 찬 논의가 전개되어간다.

이러한 상황을 이어받아 15세기에는 루이 11세(1423~1483)에 의해 발포된 법령에서 '유명론자'와 '실재론자'의 대립으로 수렴되는 것과 같은 언급이 보인다. 나아가 토머스 홉스(1588~1679)와 라이프니츠(1646~1716)와 같은 17세기에 활약한 철학자에게서도 이 문제에 대한 언급이 보인다. 더 나아가 문제 권역을 좀 더 늘려 보면, 실재론과 유명론의 대립적인 구도는 현대에 직접적으로는 관찰되지 않는 이론적 존재자(힉스 입자나 암흑 물질 등)의 실재성을 과학 이론 속에서 어떻게 생각해야 할 것인가 하는 과학적 실재론 논쟁과 겹치는 면도 보인다.

논리학 혁명으로서의 유명론에서 유명론적인 철학으로

논의가 이루어진 시대 상황이나 현장에서의 맥락에 따라 다양한 모습으로 얼른거리는 '보편 논쟁'을 하나하나 다루어 소개하는 것은 도저히 불가능하다. 다만 15세기 이후 논의의 현장에서 중세의 '보편 논쟁'을 조망해볼 때, 14세기의 오컴이나 뷔리당의 유명론적인 입장이 13세기의 아퀴나스나 스코투스 등의 실재론적인 입장과 대비되는 형태로 이런저런 문제들을 형성해가는 것으로 볼 수 있다. 요컨대 오컴이나 뷔리당의 유명론이 전기가 되어 새로운 기원을 여는 국면이 있는 것으로 생각되는 것이다.

오컴과 뷔리당의 유명론에서 핵심이 되는 것은 논리학의 혁명이었다. 그러나 다른 한편으로 신학이나 철학(형이상학·자연학·정치학·윤리학)과 같은 학문은 논리학을 기초적인 도구로 하여 성립한다. 그렇다면 학문의 기초적인 도구인 논리학이 변하면, 신학이나 철학의 실질적인 내용도 변해가는 것은 필연적인 일이라고 말할 수 있을 것이다.

이와 같은 이해에 기초하여 오컴이나 뷔리당의 논리학 혁명 그 자체에 대해서는 지금까지 상세히 연구되어왔다. 또한 유럽어 문헌도 포함하면, 그 내용을 알기 위한 연구서나 입문서도 비교적 충실해져 왔다. 그러나 다른 한편으로 그들의 논리학 혁명의 귀결 쪽, 요컨대 철학적인 내용의 변혁에 관해서는 아직 그 정도로 충분히 연구가 진전되어 있다고는 말하기 어려운 면도 있다. 그래서 논리학에서의 유명론적인 변혁이 철학적 이론에 준 영향이라는 각도에서 중세 철학의 총괄을 시도해 보이고자 한다.

2. 유명론적인 철학이 지니는 두 가지 특징

존재론과 인식론의 분리

14세기의 유명론이 13세기의 실재론과 크게 다른 점들 가운데 하나는 존재론과 인식론의 분리이다. 어떠한 것인가? 지금 눈앞에 한 채의 집이 있다고 하자. 그 집의 존재는 두 개의 국면을 지닌다. 요컨대 다른 다양한 집과 공통된 '집이다'라는 국면과 역으로 다른 다양한 집과는 다른 '이 집이다'라는 국면이다. 전자를 담보하는 것이 사물의 무엇인가, 즉 본질을 나타내는 '형상'이며, 다른 한편 후자를 담보하는 것이 사물이 무엇으로부터 나왔는가를 나타내는 '소재'이다. 이 '소재'의 측면은 집이 구체적으로 어떠한 것에서 만들어졌는가 하는 의미에서 개별성을 가져올 뿐 아니라 실제로 바로 소재를 갖고서 존재하는 까닭에 집은 물체로서 존재하며, 나아가 3차원 공간 내의 어떤 특정한 장소를 차지할 수 있다. 이와 같은 의미에서 '소재'의 국면이 개별성과 개체성을 담보한다. 따라서 '형상'이 '보편'을, '소재'가 '개물/개체'를 보여주게 된다. 이것이 13세기의 실재론에서 존재론의 기본적인 구도이다.

또한 이 세계의 다양한 개개의 사물은 '형상'과 '소재'의 복합체로서 존재하지만, 그러한 사물은 동시에 인식되는 것이 가능한 것 ─ 가감적이라거나 가지적이라고 말해진다─ 으로서도 존재한다. 따라서 눈앞의 이 집을 보았을 때, 이 물체가 목재로 만들어졌고, 흰색이며, 새로 지은 분위기가 나는 등등의 정보를 오감을 사용하여 받아들일 수 있다. 이 점이 아리스토텔레스에 의해 '감각이란 감각되는 형상形相/形象을 그 소재를 동반하지 않고서 받아들일 수 있는 것이다'(『혼에 대하여』, 제2권 12장)라고 표현된다. 요컨대 이 세계에 존재하는 개개 사물의 '형상' ─ 중세 스콜라 철학에서는 존재의 장면에서는 '형상形相'이라는 말이 사용되지만, 인식의 장면에서는 '형상形象'(스페키에스)이라는 다른 말이 사용된다. 양자는 그 기능이 다른 까닭에 각자 다른 말로 썼지만, 그 내용은 같다— 이 그대로 감각에 받아들여져 개별적인 '표상 내용'이 형성되고, 이 집이나 저 집의 표상 내용으로부터 개별화를 초래하는 요소가 사상됨으로써 보편적인 개념이 되고, 지성에게 주어진다. 이리하여 지성은 목재란 무엇인가, 흙이란 무엇인가, 그리고 집이란 무엇인가와 같은 '보편'을 인식하지만, 그러한 인식의 근거가 되는 것은 눈앞에 존재하는 이 물체가 지니는 집의 '형상'이다. 이와 같은 방식으로 존재론과 인식론이 밀접히 연결되는 철학적 도식을 13세기의 실재론은 지닌다.

그에 반해 14세기의 유명론에서는 이 세계에 실재하는 것은 철저히 개별자밖에 없는바, 보편적인 요소가 개별자 속에 실재적으로 내재한다는 것을 인정하지 않는다. 요컨대 눈앞의 이 물체가 다른 다양한 개개의 집과 마찬가지로 집이라고 판단할 수 있는 요소와 근거는 보편으로서 개개의 각각의 집에 내재하는 것이 아니다. 우리 인간의 지성 속에 있는 집의 보편적인 개념은 기호로서 이 세계에 실재하는 개개의 집을 표시할 수 있을 뿐이다— 이것은 '대표'라고 말해진다. 따라서 이 세계의 사물들이 어떻게 존재하는지를 말하는 존재론과 이 세계의 사물들이 어떻게 인식되는지를 말하는 인식론의 연결은 끊어지게 된다.

전체론적 철학에서 개체론적 철학으로

'이 세계에 실재하는 것은 철저히 개별자밖에 없다'라는 유명론의 테제는 '이 세계에 실재하는 개별자 속에 보편이 실재적으로 내재한다'라는 실재론의 테제와 동전의 양면 관계에 놓여 있다. 나아가 또한 그러한 테제들의 차이는 철학적인 이론에서의 개별과 보편에 대한 가치 부여의 전환도 불러일으킨다. 요컨대 보편을 기저로 하는 전체론적 철학으로부터 개별자를 기저로 하는 개체론적 철학으로의 전환이다.

실재론에서는 우리의 눈에 비치는 현실 세계의 근저에 보편적인 원리가 실재하며, 그 보편적인 원리에 참여함으로써 개개의 사물들이 존재한다는 철학적인 구도를 채택한다. 따라서 이러한 철학관에서 중요한 것은 이 세계에 실재하는 개개 사물의 상이성과 특수성에 주목하는 것이 아니라 오히려 그러한 개개의 사물에 공통된 본질, 요컨대 개별자를 포섭하는 보편적인 진리를 파악하는 것이다. 나아가 이러한 관점을 인간의 사회적 활동에 반영해보면, 철학적 분석으로서 중요해지는 것은 사회 속에서 살아가는 개개인의 개성이 아니라 오히려 개개인을 전체로서 묶어내는 공동체나 국가라는 전체의 존재 방식의 보편적인 본질이다.

그에 반해 유명론에서는 개별자의 이해를 개별자 그 자체로서 존재하는 것으로서 파악하고, 다른 한편 보편의 이해를 인간의 마음속에 놓여 있는 말과 개념의 세계로만, 요컨대 인간의 정신이 지니는 지성 인식의 활동에만 귀속시켜 '마음 밖의 세계'와 '마음 안의 세계'를 명확히 나누는 방향으로 철학적 사유의 발걸음을 내딛어간다. 나아가 이러한 관점을 인간의 사회적 활동에 적용하면, 철학적 분석으로서 중요해지는 것은 실재론과는 반대로 개개인을 전체로서 포섭하는 공동체 전체나 국가 전체가 아니라 오히려 개개인 한 사람 한 사람의 관계나 결합이 사회 전체의 영위를 형성해가는 측면이다.

이러한 양자의 차이를 철학적 논의에 적용해보면, 다양한 철학적 테제나 이론의 상이성이 떠오르게 되지만, 여기서는 오컴의 인식 이론과 뷔리당의 사회 공동체론에 주목하고자 한다.

3. 유명론적인 철학의 현장 — 오컴과 뷔리당

오컴의 인식 이론

우선은 '마음 안의 세계'에서 주요한 역할을 담당하는 인식 이론부터 검토해보자. 우리는 '마음 밖의 세계'에 있는 사물들에 대해 어떠한 방식으로 알고 정보를 얻는지를 분석해보면, 크게 '감각 지각'과 '지성 인식'이라는 두 가지 유형의 인식 방법이 있다는 것을 알 수 있다. 그리고 이 양자의 차이는 신체 기관을 사용하는가 아닌가에서 찾아진다. 예를 들어 우리가 색깔이나 소리를 느끼고 그것들이 어떠한 느낌의 것들인지를 알고자 한다면, 눈을 크게 뜨고 귀를 기울이는 것이 필요하다. 그러나 색깔이 얼마만큼의 빛의 파장인지, 소리가 어느 정도의 공기 진동수인지를 말과 개념을 사용하여 생각하기 위해서는 특히 눈이나 귀와 같은 신체 기관의 활동이 필요하지 않다. 이리하여 우리 인간은 '마음 밖'에 실재하는 개물에 대해 신체 기관을 사용하는 감각을 통해 지각하고, 다른 한편으로 '마음 안'에 있는 말과 개념을 사용하는 지성에 의해 인식하는 것이다.

이상과 같은 인식의 커다란 틀 그 자체는 기본적으로 실재론과 유명론에서 일치한다. 그러나 이들의 마음의 활동이 각각 인식 대상이 되는 외계의 사물과 어떻게 관계하는가 하는 점에 관해서는 다르다. 실재론과 관련해서는 앞에서 설명한 대로 '마음 밖의 세계'에 실재하는 개개의 사물은 형상에 의해 어떠한 것인지가 규정되며, 그 형상形相이 형상形象으로서 감각을 통해 인간에게 받아들여지면, 지성의 추상 활동에 의해 개념으로서 파악된다. 따라서 '형상形相/形象'을 통해 '마음 안'의 개념 내용과 '마음 밖'의 사물의 존재 양태가 연결된다.

그러나 오컴의 인식 이론에서는 '형상形相/형상形象'의 존재는 부정된다. 그 근거는 인식의 활동을 설명하기 위해 특별히 '형상/형상'을 이론 속에 짜 넣는 것은 덧거리이자 불필요하기 때문이다. 그러면 오컴은 어떻게 인간의 인식을 설명하는 것일까?

감각과 관련해서는 '마음 밖의 세계'에 실재하는 사물들의 형상이 감각 기관에 받아들여진다는 도식을 부정한다. 본래 마음 밖의 세계에 있는 개물은 개물로서밖에 존재하지 않기 때문에, 보편을 짊어지는 것과 같은 형상이나 공통 본성과 같은 것은 없다. 따라서 그러한 형상形相이나 형상形象이 연속적으로 감각에 이어지는 일은 없는 것이다. 이리하여 눈앞에 있는 이 해바라기를 보거나 냄새를 맡거나 하는 경우, 이 해바라기로부터 색이나 냄새의 '각인된 절대적 성질'을 외부 감각(오감)은 직접적으로 지닌다. 이것은 조금 더 이미지화하기 쉬운 표현으로 하자면 마음속에서 느껴진 색이나 냄새의 '느낌'과 같다. 그리고 이 해바라기의 색이나 냄새, 나아가서는 형태나 크기의 '느낌'을 기초로 하여 내부감각에 의해 이 해바라기 전체의 '표상 내용/감각 이미지'를 형성한다. 덧붙이 자면, 전자의 '느낌'을 파악하기 위해서는 실제로 눈앞에 이 해바라 기가 존재해야만 하고, 이러한 인식을 오컴은 '직관 인식'이라고 부르며, 다른 한편 후자의 '표상 내용/감각 이미지'는 눈앞에 이 해바라기가 존재할 필요는 없고, 이러한 인식을 오컴은 '추상 인식'이라고 부르며 구별한다(『레포르타티오』, 제3권 제3문제 제1 항).

지성과 관련해서는 마찬가지로 눈앞에 있는 이 해바라기를 '직관 인식'에 의해 그것을 대표하는 기호로서의 말이나 개념 — 정확하게는 오컴이 말하는 개념이란 '이 해바라기에 대한 지성 인식 활동(인텔렉치오)' 그 자체이며, 지성 인식 활동의 결과로서 생겨나는 것과 같은 '관념적인 존재자로서의 개념'은 부정된다 — 의 파악을 수행하고, 그 직관 인식에 의해 명증적인 인식이 성립한다. 그 결과 지성은 '이 해바라기는 노란색이다'라든가 '해바 라기는 일반적으로 노란색의 것이다'와 같은 인식이나 판단을 수행한다.

덧붙이자면, 그때에는 지금 설명한, 유형이 다른 감각의 인지가 활동하고 있지만, 이 감각의 인지가 원인이 되어 지성의 활동을 불러일으키는 것은 아니다. 이 점이 개개의 표상 내용으로부터 보편적인 개념을 추상한다는 실재론의 사고방식과는 근본적으로 다르다. 요컨대 오컴에게서는 감각과 지성 각각이 따로따로 눈앞의 이 해바라기라는 동일한 대상에 대해 인식을 성립시키고 있다. 왜냐하면 우리는 사태의 진위 판단을 '명제'(문장)의 형태로 행하는('이 해바라기는 노란색이다' 등) 것이지만, 감각에 의해 지각되는 이 해바라기의 이미지나 노란색 느낌 그 자체는 진위 판단되는 것이 아니기 때문에, '명제'를 구성하기 위한 말이나 개념(해바라기의 개념이나 노란색의 개념 등)을 지성에 의해 인식하는 것이 필요해지기 때문이다. 따라서 명증적인 인식의 직접적이고 근접적인 원인이 되는 것은 지성의 활동이지 감각의 활동이 아니다.

또한 감각의 경우와 마찬가지로 지성에서도 '추상 인식'이 인정된다. 다만 그 의미는 지금 눈앞에 존재하는 것이 파악될 수 없는 인식을 말하며, 보편의 인식에 한정되는 것은 아니다. 요컨대 추상 인식은 명증적인 인식을 산출하지 않기 때문에, 그런 의미에서 직관 인식과는 구별된다. 단적인 사례로서는 자신의 마음속의 기쁨은 명증적으로 인식할 수 있기 때문에, 직관 인식이 성립하지만, 타인의 마음속의 기쁨은 정말 실제로 기뻐하고 있는지 아닌지를 명증적으로 인식할 수 없기 때문에, 추상 인식이 성립한다는 것과 같은 것을 들고 있다(『명제집 주해』, 제1권 서론 제1문제).

　이상으로부터 철학적인 논점으로서 무엇을 간취할 수 있을까? 우리의 인식은 감각이든 지성이든 그 출발점이 되는 것은 넓은 의미에서 '마음 안의 활동'이며, '마음 밖'의 사물의 존재 양태가 아니라는 것이다. 이것이 존재론과 인식론의 연결이 끊어진다는 것의 의미이다. 그러나 이것이 어떠한 논의와 연결되어가는 것인가? 그것은 근세의 관념론적인 세계관이다. '마음 안의 세계'에 존재하는 집이나 노란색 해바라기가 원자로 구성되어 있다고 한다면, 원자 그 자체에는 말할 것도 없이 색이나 소리나 냄새 같은 것은 없으며, 나아가 우리는 원자 그 자체를 직접 관찰할 수도 없다. 따라서 그 원자에 의해 촉발되어 마음 안에서 만들어진 노란색이나 집이나 해바라기의 감각이나 관념이나 개념과 같은 마음 안의 것이 우리 인식의 출발점이 되는 것이지 외계의 사물들 그 자체가 지니는 성질 등이 아니다.

　이리하여 그 후에는 마음 안의 개념이나 관념을 명제로 결합하거나 분석하거나 함으로써 우리는 사태에 대한 이해를 진전시켜간다. 따라서 철학적 분석은 '마음 밖의 세계'의 사물 그 자체에 대한 것이 아니라 오히려 우리의 '마음 안의 세계'에 놓여 있는 관념이나 개념에 대한 것이라는 구도를 채택하게 된다. 물론 근세의 관념론이 중세의 유명론으로부터 직접적으로 산출된 것은 전혀 아니다. 다만 오컴의 이러한 인식 이론은 근세 철학의 관념론적인 지적 풍토의 밑바탕을 만들어낸 것이었다고 말할 수 있을지도 모른다.

뷔리당의 사회 공동체론

다음으로 '마음 밖의 세계'에서 주요한 역할을 하는 사회 공동체론을 검토해보자. 근간의 환경 윤리학이나 정치 철학에서 생태계 중심주의나 공동체주의와 같은 전체론적인 이론에 주목이 이루어지고 있다. 이러한 논의들의 기본적인 아이디어는 개개인을 전체로서 묶어내는 공동체 전체나 국가 전체라는 존재 방식을 우선하는 실재론의 사고방식과 궁합이 잘 맞는다. 예를 들면 해외에서 낯선 일본인이 세계 유산에 낙서를 했을 때 '같은 일본인으로서' 부끄럽게 생각한다는 감각이 싹터 오른다. 물론 개개인의 존재 방식을 철저히 하면, 일본이라는 국가 공동체를 등에 짊어졌다고 하는 책임의 감각은 생겨나지 않겠지만, 그러나 어딘가에서 일본이라는 국가 공동체의 일원으로서 존재하는 나라는 존재 방식을 승인하고 있는 것으로 생각되기도 한다. 이처럼 공동체를 개인에 우선하게 하는 사고방식은 개체에 내재하는 보편적인 존재 방식을 우선시하는 실재론적인 발상과 연결되기 쉽다.

그러나 다른 한편 이와 같은 전체론적인 이론이 근간에 주목받기 시작했다는 것은 그보다 조금 전, 적어도 20세기 전반까지는 이것과는 반대의 사고방식이 우위에 서 있었다는 것이기도 하다. 그 사고방식은 개개인을 특정한 공동체의 일원에 집어넣어 생각하는 것이 아니라 모든 개개의 인간이 바로 개개인의 수준에서, 요컨대 인간이 인간인 한에서 자유와 권리를 지닌다는 개인주의적인 사고방식이다. 이러한 사고방식은 임마누엘 칸트(1724~1804)나 존 스튜어트 밀(1806~1873) 등의 근대의 인간관이라고 말할 수 있을 것이다.

이상의 것을 염두에 두면서 뷔리당의 사회 공동체론에 대해 검토해보자. 사회 공동체는 기본적으로는 회사나 관청처럼 계층적인 질서 구조에 의해 성립한다. 그리고 사장은 회사 전체에 대해, 부장은 부 전체에 대해, 과장은 과 전체에 대해 배려하고 그 책임을 진다. 그리고 회사를 실제로 구성하는 각 사원은 예를 들어 경리과 직원이라면 경리과를 위해, 나아가 경리과의 상위 부문인 재무부원으로서의 업무가 요구되면 재무부를 위해, 그리고 회사 외부 사람과의 교섭에서는 회사를 위해 일한다. 이처럼 생각하면, 개인을 개인인 한에서 파악하는 관점이 아니며, 예를 들어 한 경리과 직원과 경리과장이나 재무부장, 나아가서는 사장과의 사이에서 우애 관계가 성립한다고는 좀처럼 생각하기 어렵다.

그러나 뷔리당은 그 경우에도 참다운 우애 관계가 성립할 수 있다고 생각한다. 이를 위한 조건은 서로 분명히 제시된 호의적인 사랑이 있을 것, 나아가 서로 성실하게 배려하는 유사성을 지닐 것, 거기서 더 나아가 서로 의지의 의사소통이 성립하고, 게다가 그것이 자신의 자유로운 판단일 것, 그리고 마지막으로 상대를 인간으로서 존경할 것이다(『니코마코스 윤리학 문제집』, 제8권 제15문제).

이러한 조건들에서 실재론을 지지하는 철학자들과 크게 다르다고 말할 수 있는 것은 공동체 전체를 우선적으로 생각하는 것이 아니라 오히려 그 공동체를 성립시키는 한 사람 한 사람 인간들의 상호 관계를 우선한다는 관점이다. 요컨대 하나의 경리과 직원이 재무부장과 의사소통을 취할 때, 자신은 어디까지나 경리과 직원이라든가 재무부장이라든가와 같은 회사 내에서의 사회적 입장이나 지위를 토대에 두게 되면, 거기에는 상대를 인간으로서 존중하고 자신의 자유로운 판단에 기초하여 자기의 본심을 서로 통하게 하는 일은 일어나기 어렵다. 그런 의미에서 사회적 입장이나 지위는 일단 괄호에 넣고 서로 대등한 인간으로서 의사소통을 꾀해가는 것이 참다운 우애 관계를 쌓는 첫걸음이 된다. 그리고 이것은 사회적 지위가 다른 자들에게서도 원리적으로 가능하다고 뷔리당은 생각한다.

이와 같은 개인 수준에서의 관계가 전체의 관계를 만들어낸다는 발상은 더 나아가 다른 맥락의 논의에서도 볼 수 있다. 예를 들어 뷔리당이 윤리학의 논의를 할 때 자주 강조하는 것이 '공동체 속에서의 지위나 입장이 무엇이든 무차별하게'(같은 책, 제1권 제6문제)라고 하는 것이다. 물론 사람은 특정한 공동체 속에서 태어나 자라고 살아갈 뿐이지만, 그럼에도 그러한 공동체 속에서의 지위나 입장에서 생겨나는 특수성은 일단 괄호에 넣고 한 사람 한 사람의 인간으로서 마땅히 있어야 할 모습을 고찰하는 방향성을 윤리학의 고찰에 요구하고 있다. 나아가서는 '국가는 사람들을 위해 있는 것이지 그 역은 아니다'(같은 책, 제1권 제6문제)라고 분명히 말하고, 한 사람 한 사람의 인간들 관계가 그 결과로서 공동체라는 집단을 형성하는 방향성을 명확히 내세운다. 요컨대 공동체 전체와 회사 전체가 우선되는 것으로서 있는 것이 아니라 오히려 서로 각자 타인인 한 사람 한 사람의 인간이 공동체적인 공공심과 의사소통을 통해 유대를 만들어내고 그 유대를 기반으로 하여 공동체나 회사를 만들어낸다는 사고방식을 뷔리당은 주장하는 것이다.

이와 같은 뷔리당의 논의로부터 어떠한 철학적 의의를 발견할 수 있을까? 한편으로는 개인의 자유와 인간으로서의 존엄을 존중하는 근대적인 개인주의적 인간관으로 연결될 수 있는 자세를 볼 수 있을 것이다. 그러나 다른 한편으로 공동체주의적인 측면이 전혀 없어지는 것은 아니다. 그렇지만 뷔리당의 공동체주의적인 이론은 공동체가 개인의 존재 방식이나 생활 방식을 규정한다는 의미에서의 공동체주의 사고방식은 아니다. 우리 인간은 타인과의 관계 속에서만 살아갈 수 있기 때문에, 이미 구축된 사회 공동체가 있다고 생각하는 경향이 있지만, 그렇지 않다. 오히려 공동체의 일원으로서 실제로 살아가고 있는 개개인을 토대로 생각하고, 공동체 내의 각 성원이 자유롭고 활달한 의사소통을 통해 그때그때의 현실 장면과 상황에 따른 최선의 유대를 구축함으로써 자신들이 속하는 공동체의 존재 방식 그 자체를 변혁하고 좀 더 좋은 공동체를 자신들 한 사람 한 사람의 손으로 만들어가는 사회 공동체론의 새로운 대안 가능성도 제시되고 있는 것이다.

　이처럼 서양 중세 철학의 총괄로서 유명론적인 철학을 조망해 볼 때, 우리는 서양 근대적인 합리주의와 개인주의로 이어지는 사상적 조류가 조용히 침투하기 시작하는 모습을 볼 수 있을지도 모른다. 그러나 다른 한편으로는 그럼에도 여전히 서양 중세 철학과 서양 근세·근대 철학 사이에는 철학적 구조의 확연한 큰 차이가 있는 것으로 보이기도 한다. 서양 근대적인 세계관에서 한계나 폐쇄적인 느낌을 느낄 때, 다시 한번 서양 중세 철학의 다양성으로 가득 찬 세계관으로부터 현대 세계의 존재 방식을 다시 바라보게 되면, 그것을 돌파하는 것의 효시가 되는 풍경이 보이게 될 가능성은 있을 것이다.

☞ 좀 더 자세히 알기 위한 참고 문헌

— 가와조에 신스케川添信介, 『물과 와인 ─ 서구 13세기 철학의 개념들水とワ
  イン ─ 西歐13世紀における哲学の諸概念』, 京都大学学術出版会, 2005년. 13세기 스
  콜라 철학에서의 신학과 철학의 관계를 명쾌하게 논의한 전문서.
— 시부야 가쓰미澁谷克美, 『오컴 『대논리학』 연구オッカム『大論理学』の研究』, 創文
  社, 1997년. 오컴 『대논리학』 제1부의 정밀한 분석에 기초한 오컴 논리학
  의 전문서.
— 시부야 가쓰미 역주, 『오컴 『대논리학』 주해 I~Vオッカム『大論理学』註解 I~V』,
  創文社, 1999~2005년. 오컴 『대논리학』 전 3부의 정확한 번역과 상세한
  주석.
— 야마우치 시로山内志朗, 『신판 천사의 기호학 ─ 작은 중세 철학 입문新版
  天使の記号学 ─ 小さな中世哲学入門』, 岩波現代文庫, 2019년. 보편 논쟁을 포함하
  여 '보이는 것'과 '보이지 않는 것'의 대비라는 관점에서의 중세 철학
  입문.
— 리처드 E. 루빈스타인Richard E. Rubenstein, 『중세의 각성 ─ 아리스토텔레스
  재발견에서 앎의 혁명으로中世の覺醒 ─ アリストテレス再發見から知の革命へ』, 오
  자와 치에코小澤千重子 옮김, ちくま学芸文庫, 2018년. 아리스토텔레스 철학
  을 핵으로 하는 중세 철학의 지적 대혁명을 면밀한 2차 문헌 조사에
  기초하여 전율을 일으키는 이야기로 자아내는 빼어난 중세 철학 역사
  입문서.

칼럼 4

동방의 그리스도교

이 칼럼에서는 로마 제국을 둘로 나누었을 때의 '동방', 요컨대
비잔틴 기원의 그리스도교를 주로 다루어 '전례'를 축으로 생각해보고
자 한다. 그리스도교의 전례는 서방(로마) 전례와 동방 전례로 나누어지
지만, 후자 가운데 가장 큰 공동체가 비잔틴 전례 교회이다. 유럽과
미국에서는 중유럽·동유럽의 비잔틴 전례 교회를 모체로 하는 '그리스
가톨릭교회'의 신도가 다수 발견된다. 그중에서도 '우크라이나 가톨릭
교회'는 잘 알려져 있다.

이들 '비잔틴 전례(그리스) 가톨릭교회'는 1054년의 동서 교회의
분리 이후 비잔틴 제국의 약체화에 따라 황제와 콘스탄티노폴리스
총대주교가 교황을 비롯한 서방에 구원을 요청한 결과, 동서의 교의
상의 대화를 목적으로 공의회가 이루어진 것을 자기의 기원으로 한다.
주된 공의회로서는 제2차 리용 공의회(1274), 페라라·피렌체 공의회
(1438~1439)가 거론된다. 이 공의회들에서는 동서 교회의 합동이 결의
되었지만, 비잔틴 본국에서는 맹렬한 반발이 일어나고, 결의는 무효가
되어 '정교회'를 낳는다. 다만 후세에 이 공의회들의 결의에 따라,
1596년에는 '브레스트의 합동'에 따라 '우크라이나 가톨릭교회'가,
1646년에는 '우즈호로드(현 우크라이나)의 합동'에 따라 '루테니아
가톨릭교회'가 각각 성립한다. 또한 교황청과 비잔틴 전례 이외의

동방 그리스도교 교회들 사이에서도 교회 합동을 위한 회의가 그 전후에 이루어지며, 근세 이후 '동방 전례 가톨릭교회'라고 불리는 공동체가 순차적으로 탄생한다.

비잔틴 전례 교회를 비롯한 이들 '동방 전례 가톨릭교회'는 교회법상으로 로마 전례 가톨릭교회와 조직상으로 맞짝을 이루며, 로마 전례 교회의 교회법이 1983년 새롭게 공포된 데 반해, 동방 전례 가톨릭교회를 대상으로 하는 교회법은 1990년에 간행되었다. 동방 전례 가톨릭교회는 로마 교황의 수위권을 인정하면서 교회법과 전례 의식에 관해서는 동방 고유의 것을 수호한다는 원칙에 따라 교회 합동을 이루어내고 있다. 로마 전례가 미사를 정점으로 하여 이것으로 수렴하는 경향을 지니는 데 반해, 비잔틴 전례에서는 주일(일요일) 전날 밤에 행해지는 저녁 기도, 주일 아침의 아침 기도, 정해진 시간에 드리는 기도(총 4회), 그리고 성체 제의를 중심으로 한, 성당에서의 공동체로서의 기도에 '예배[봉신례]'로서의 의의를 인정한다. 또한 로마 전례는 성탄과 부활을 중심으로 한 2극 구조의 전례력을 지니는 데 반해, 비잔틴 전례에서는 수난·죽음으로부터의 부활·승천·성령 강림에 이르는 시기를 정점으로 한 1극 구조의 전례력에 의한다.

그리고 서구화한 지역(헝가리 등)에서는 그레고리우스력의 채택에 따라 성탄과 부활 등 같은 나라 내의 로마 가톨릭교회와 그리스 가톨릭교회의 축일들이 일치한 결과, 다양한 전례 의식 속에서 '보편 교회'가 체현되는 상황이 나타나고 있다.

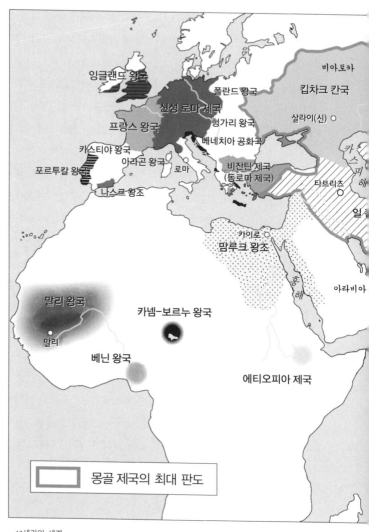

잉글랜드 왕국

프랑스 왕국

신성 로마 제국

폴란드 왕국

헝가리 왕국

베네치아 공화국

비아토카

킵차크 칸국

살라이(신)

카스티야 왕국

포르투칼 왕국

아라곤 왕국

로마

나스르 왕조

비잔틴 제국
(동로마 제국)

카
스
피
해

타브리즈

일

카이로

맘루크 왕조

홍
해

아라비아

말리 왕국

말리

카넴-보르누 왕국

베닌 왕국

에티오피아 제국

몽골 제국의 최대 판도

13세기의 세계

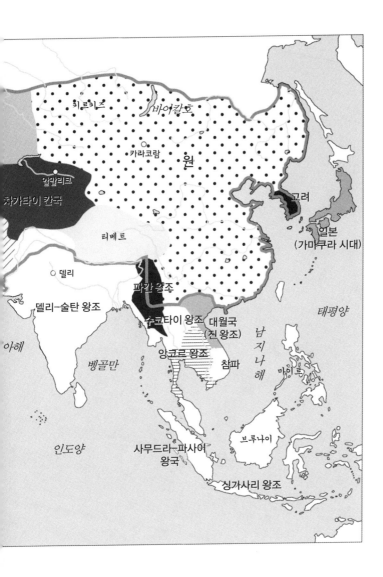

히르키즈

바이칼호

카라코람

원

차가타이 칸국

알말리크

고려

일본
(가마쿠라 시대)

티베트

델리

파간 왕조

델리-술탄 왕조

수코타이 왕조

대월국
(진 왕조)

남지나해

태평양

아해

벵골만

앙코르 왕조

참파

마이루

인도양

사무드라-파사이
왕국

브루나이

싱가사리 왕조

제8장

주자학

가키우치 게이코^{垣內景子}

1. 중국 유교의 재생과 '개인의 각성'

성인 배움에 이르러야

주자학^{朱子学}이 태어나기 전야의 북송 시대, 중국 유교에 대해 기사회생의 커다란 전기가 찾아왔다. 한대 이후 오랫동안 국교의 지위로 떠받들려 살아 있는 사상으로서의 활력을 잃고 있던 유교는 북송 시대에 이르러 새로운 재생을 이루고 사상으로서의 생명력을 되찾는다. 그것은 또한 그 사상을 살아가는 중국의 지식인에게 '개인의 각성'을 촉구하는 것이었다. 이 전기를 가져온 것은 하나가 과거의 재개이고 또 하나가 불교의 영향이었다.

과거란 관료 등용을 위해 행해진 국가시험을 가리키는 것으로 그것의 가장 중요한 과목은 유교의 경전(경서)이었다. 송 왕조는 전란의 시대에 중단되었던 과거를 정비하고 재개함으로써 평화로운 문치 시대의 도래를 내외에 표명했다. 이 과거의 재개로 인해 유교는 좀 더 광범위한 중국 지식인이 지녀야 할 교양의 공통 기반이 되었을 뿐만 아니라 유교를 배우는 것이 현실에서의 그들의 사회적 지위로 직결되고, 정치의 장과 자기의 삶의 방식 문제와 결부되는 계기가 되었다. 무엇보다도 자신의 노력과 능력에 의해 활약의 장을 쟁취할 가능성이 열림으로써 유교는 개개인의 삶의 방식과 밀접하게 관계된 사상으로서 재생을 이루었다.

스스로의 노력과 능력에 의해 자신이 정치적으로 활약할 수 있는 장을 획득한 과거 관료들에게 있어 유교는 단순한 책상 위의 공론이나 겉치레에 머무르지 않고 때때로 현실의 정책 근거가 되는 것이기도 했다. 북송은 정치적 당파가 그대로 사상적 학파를 형성한 드물게 보이는 시대인데, 그 가운데 일파인 '도학'을 계승하여 북송에서 이어지는 남송 시대에 그것을 집대성한 사람이 주자학의 조상인 주희朱熹(1130~1200)였다.

도학자들은 그 자부심을 담아 '성인 배움에 이르러야'를 선언한다. 누구나 학문에 힘씀으로써 성인에 이를 수 있다는 이 강령은 지금까지의 성인의 의미를 크게 변화시켰다. 성인이란 야만적인 인류를 위해 문화와 제도와 도덕을 만들어준 옛날의 특정한 성왕들에 머물지 않고 공자와 같은 인격의 완성자로서 모두에게 열린 목표가 되었다. 모두에게 성인이 될 가능성을 인정한 이 선언은 불교의 '실개성불^{悉皆成佛}'(누구나 부처가 될 가능성이 있다)에 대한 대항이기도 했지만, 유교의 정통적 테제인 '성선설'의 새로운 표명이기도 했다. 이러한 자각과 자부 아래 사람은 누구나 개별적으로 자기 향상에 힘써야만 한다는 것이 도학, 즉 주자학의 대전제가 되었다.

마음에 대한 관심

이러한 개개인의 자기 향상에 대한 자각은 동시에 개개의 마음에 관한 관심을 이끌었다. 즉 인격의 완성은 무엇보다도 마음에서 성취되어야만 하는 것이며, 마음이라는 내면의 발견이야말로 이 시대 유교 재생의 최대 의의였던 것이다. 이러한 마음에의 관심도 불교, 특히 선에 대한 대항이 가져온 것이었다. 외계에 휘둘려 동요하는 불안정한 이 마음을 어떻게 안정시킬 것인가, 이러한 지극히 현실적인 마음의 문제에 대한 구체적인 대처법과 그것을 뒷받침하는 심원한 이론 체계를 가진 까닭에, 불교는 중국에 침투하여 지식인들의 은밀한 지지도 모으고 있었다. 유교가 살아 있는 사상으로서 주권을 탈환하기 위해서는 무엇보다도 이 마음의 문제에서 실천적으로나 이론적으로 불교 이상의 설득력을 획득해야만 했다.

주자학에서 모든 사람이 지향해야 할 성인은 공자가 말한 '마음에 하고자 하는 바를 따라도 법도를 넘지 않는다^{從心所慾不踰}

矩'(『논어』, 위정편)와 같이 현실의 있는 그대로의 마음과 있어야
할 질서로서의 '법도矩'가 아무런 어긋남도 없이 일체가 된 경지로
서 이미지가 그려진다. 이 '법도'는 주자학에서는 '이理'라는 개념에
해당하지만, 이처럼 마음을 외적 규범으로서의 '법도', 즉 '이'와의
관계에서 생각하고, 모든 이에게 있어 빼도 박도 못하는 이 마음의
문제야말로 유교의 최우선 과제라는 것을 다시 확인한 점에 주자학
의 핵심이 놓여 있었다. 요컨대 주자학이란 개개인의 자기 도야를
목적으로 하고 내면의 마음과 외계의 '이'의 관계를 추궁한 학문인
것이다.

2. 심학으로서의 주자학

마음은 성과 정을 통할한다

중국 사상사에서는 일반적으로 '심학心学'이라는 명칭은 주자학
을 비판한 양명학을 가리키며, 그 경우 주자학은 '이학理学'이라고
불린다. 그러나 위에서 말했듯이 주자학의 핵심이 마음의 문제인
이상, 여기서는 군이 주자학을 넓은 의미의 '심학'으로서 파악하고,
그 '심학'이 '이학'이라 불리며 좁은 의미의 '심학'에게 비판되는
경위에 주목하고자 한다.

주희는 우선 마음을 '성性'과 '정情'으로 나누어 설명한다. '성'이

란 선천적으로 갖추고 있는 본질·본성이며, 인간에게서의 '성'이 본래 선한 것이라는 것이 이른바 '성선설'이었다. 요컨대 '성선설'이란 인간의 본질을 도덕적으로 규정하고 그것을 마음에 내재시킨 것이다. 이 '성'은 말하자면 인간 마음의 본래적인 모습임과 동시에 이상적인 모습이지만, 우리는 이 '성'을 직접 인지할 수 없다. 우리가 알 수 있는 것은 그 '성'이 외계의 작용에 따라 움직인 단계로, 이것이 '정'이라고 불린다. 요컨대 우리가 일반적으로 마음이라고 부르는 것은 주자학적으로 엄밀하게 말하면 '정'을 가리키며, 그 '정'이 움직이기 전의 근본으로서 '성'이 규정되는 것이었다.

선한 것으로 규정된 '성'을 지님에도 불구하고, 현실에서의 마음의 움직임, 즉 '정'이 때때로 선하지 않은 것을 포함하는 것은 마음의 움직임이나 그 마음을 내장하는 육체가 모두 '기氣'의 영향을 받기 때문이다. 이 '기'에 의한 방해나 한정을 극복할 수 있으면, 사람은 누구나 그지없이 선한 '성'인 채로 '정'을 발휘할 수 있다. 이것이 앞에서 이야기한 '성인'의 경지이며, 개개인이 지향해야 할 이상적인 마음의 상태였다.

이처럼 마음을 '성'과 '정'으로 나누어 설명함으로써 주희는 현실의 마음에 선하지 않은 것이 있을 수 있음에도 불구하고, '성'은 절대적으로 선이라고 하는 '성선설'을 지키는 데 성공한다. 게다가 현실의 선하지 않은 것을 명확히 자리매김하고, 그 극복의 가능성을 근거 짓게 된다. 그리고 주희는 그 위에서 새롭게 '마음'을 재정의한다. 그때 원용한 것이 북송 도학자 가운데 한 사람인 장재張載의 '마음은 성과 정을 통활한다心統性情'라는 말이었다. 여기서 말하는 '마음'은 단지 '성'의 발현으로서의 '정'이라고 하는 것과 같은 마음의 일련의 움직임을 말하는 것이 아니라 '성', '정'과는 다른 차원에서 양자를 포섭·통괄하는 것이다. 이 '마음'이란 무엇일까?

'공부'에 대한 의지로서의 '마음'

주희가 장재의 말을 원용하여 재정의한 '마음'의 의미를 파악하기 쉽도록 다음과 같이 그림으로 나타내 보일 수 있을 것이다.

'마음' 〈 성　선　　본래·이상　　있어야 하는　이 〉 '공부'
　　　　　정　선악　　현실　　　　있는 그대로　기

여기서 말하는 '마음'은 있는 그대로의 마음인 '정'이나 있어야 할 본래의 마음인 '성' 가운데 그 어느 한 편으로 환원할 수 없다. '마음'은 언제나 양자를 동시에 응시하고, 결코 한 편이 되어서는 안 되는 것이다. 있어야 할 이상과 있는 그대로의 현실을 동시에 응시한다는 것은 다름 아닌 양자 사이의 거리를 계속해서 의식하는 것이다. 그리고 그 위에서 그 거리를 메우기 위해 힘쓰는 것, 이것이 '공부工夫'라고 불리는 학문 수양의 노력과 실천이었다.

요컨대 주희가 말하는 '마음'이란 있는 그대로의 마음도 본래적인 동시에 이상적인 있어야 할 마음도 아니며, 그 양자를 언제나 동시에 떠맡아 양자의 간격을 의식하면서도 그 거리를 메우기 위해 노력하는 마음, 즉 '공부'에 대한 주체적 의지를 의미하는 것이었다.

주희가 말하는 이 '마음'을 좀 더 일반화하면, 그것은 이른바 하려고 하는 마음이나 향상심, 주체성 등에 해당하는 것이라고 말할 수 있을 것이다. 요컨대 자기의 현실에 만족하지 않고 그 향상과 이상의 실현을 믿고서 계속해서 노력할 때만 주자학이 말하는 '마음'이 모습을 보인다는 것이다. 역으로 말하면, 다름 아닌 자기만족이나 자포자기야말로 '마음'을 잃어버리는 것이었다.

그러면 우리는 어떻게 해서 이 '마음'을 계속해서 보존할 수 있을까? 하려고 하는 마음의 지속을 그것이야말로 기분의 문제라고 하는 정신론으로 되돌릴 수는 없다.

아래에서는 주희가 이 주체성으로서의 '마음'을 유지하기 위해 현실의 이 마음이라는 골칫거리에 어떻게 접근했는지를 살펴보고 자 한다.

마음에의 우회로

주희가 주체성으로서의 '마음'을 보존하기 위해 보여준 방법은 두 가지가 있다. 하나는 '거경居敬'이며, 또 하나는 '격물궁리格物窮理'이다. 어느 것이든 마음을 위한 방법이면서 마음에 직접 작용하는 것을 애써 피한, 마음에의 원대한 우회로였다. 주희는 마음으로 마음을 통제하는 것의 모순이나 어려움을 숙지하고 있었다.

'거경' 또는 '경敬'이란 의식적으로 마음의 집중·긴장 상태를 만드는 방법이다. '경'이라는 글자는 '공경하다', '삼가다'라고 새길 수 있고, 자신보다 상위의 대상 앞에서의 긴장감을 상기시키는 것이지만, 그러한 특정한 장면에서뿐만 아니라 일상에서의 개개의 동작·장면에서 하나하나의 대상에 집중하고 주의 깊고 신중하게 행동하는 것 이를 위해 복장이나 표정이나 자세 등 외면적·형식적인 것을 엄숙하게 단정히 하는 것, 이것이 '거경'이다. 요컨대 마음 이외의 외적인 대상에 의식을 향함으로써 결과적으로 마음의 집중과 긴장이 생겨나고 주체성으로서의 '마음'이 보존되도록 하는 방법이 '거경'인 것이다.

마찬가지로 주희는 '마음'의 보존을 위해 마음 밖 사물의 '이理'를 대상으로 하는 '격물궁리'를 설파한다. 구체적으로는 유교 경전을 읽는 독서 행위가 제1의적인 것이 되는 '격물궁리'를 통해 결과적으로 '마음'이 유지될 것을 기대하는 것이었다. '격물궁리'에 대해서는 다음 절에서 새롭게 다루지만, 이 방법도 어디까지나 마음을 대상으로 하지 않는 '마음'을 위한 방법이었다는 것을 분명히 해두고자 한다.

3. 이학으로서의 주자학

격물궁리

마음을 위한 주자학이 '이학理学'이라고 불리고 그 폐해가 이른
바 '심학心学', 즉 양명학에 의해 비판된다는 얄궂은 일은 물론
주자학의 '이' 개념 그 자체에서 유래한다. '이'는 주자학을 가장
특징짓는 개념임과 동시에 위험을 내포한 개념이기도 했던 것이다.
'이'란 무엇인가? 주자는 다음과 같이 명확히 정의하고 있다.

> 천하의 사물에 이르러서는 각각의 반드시 그러한 까닭과 마땅히
> 그러해야 할 바의 준칙이 있어 이를 일컬어 이라 한다.(『대학혹문大
> 学或問』)

'반드시 그러한 까닭所以然之故'이란 '그것이 그것인 근거·이유',
'마땅히 그러해야 할 바의 준칙所當然之則'이란 '그것이 그것인 한에
서 당연히 그러해야 할 법칙성, 그렇지 않으면 안 되는 당위·역할'
을 의미한다. 요컨대 이 세계의 모든 사태 각각에는 개별적인
의미·가치·역할이 있고, 그것이 그 사태의 '이'라는 것이다. 주희
는 더 나아가 사람의 앎은 그 '이'를 알 수 있다고 생각했다.
모든 것에는 '이'가 있고 사람은 그것을 알 수 있다는 주자학의

생각은 동시에 사람은 '이'를 앎으로써만 마음의 안정이 얻어지고 주체성으로서의 '마음'을 보존할 수 있다는 생각을 전제로 한 것이기도 했다. 마음의 불안을 불러일으키고 주체적 의지로서의 '마음'을 상실하게 하는 것은 다름 아닌 '이'를 충분히 알 수 없기 때문이다. 그리하여 강조되는 것이 '격물궁리'라는 방법이었다.

'격물궁리'의 '격물格物'은 주희가 중시한 유교 경전의 하나인 『대학』에서 유래하는 말이다. 주희는 '격물'을 '사물을 마주한다'라고 새기고, '사물에 입각하여 그 이치를 궁구한다'라고 해석했다. 원문에는 없는 '이理'라는 글자를 끌어내어 '격물'을 이해한 것이다. 덧붙이자면, 여기서 말하는 '물物'이란 단순한 물질에 그치지 않고 의식의 대상으로서 한 묶음의 사태 모두를 가리킨다. 주희는 '격물궁리'의 의미를 다음과 같이 설명하고 있다.

> 격물은 절대로 그렇다는 것을 정말로 알아야만 한다. 자식으로서 효도해야만 한다는 것을 알지 못한다거나 신하로서 충실해야만 한다는 것을 알지 못한다는 것 따위는 어째서일까? 그러한 것은 사람이라면 누구나 알고 있다. 다만 자식이라면 절대로 효도해야만 하며, 신하라면 절대로 충실해야만 한다는 것을 정말로 알고서 절대로 그렇게 행동해야만 한다. (『주자어류朱子語類』, 권15)

> 격물이란 다름 아닌 사물에 입각하여 당연한 이치를 추구하는 것이다. 예를 들어 신하의 (이치인) 충은 신하라면 저절로 충실해야

만 하며, 자식의 (이치인) 효는 자식이라면 저절로 효도해야만 한다. 시험 삼아 자식인 자가 불효를 하여 자신의 마음이 어떻게 느끼는지 살펴보면 된다. 불은 뜨겁고 물은 차가운 것은 불이나 물의 성이 자연히 그러하기 때문이다. 모든 사태에 대해 당연한 바를 구할 뿐, 지나치게 구해서는 안 된다. 지나치게 구하면 괴이쩍은 것이 되어버린다. (같은 책, 권120)

부모와 자식 관계라는 '물物'에서 자식으로서의 있어야 할 방식, 즉 자식으로서의 '이理'는 '효'이다. 이 점은 자식으로서의 자연스러운 감정이며, 누구나 본래 알고 있을 것이다. 그럼에도 불구하고 왜 '효'가 아닌 것이 일어날 수 있을까? 그것은 다름 아니라 앎의 정도가 낮고 참다운 의미에서 알지 못하기 때문이다. 정말로 '효'가 좋은 것이라고 알고 있다면, 생각할 것까지도 없이 기쁘게 '효'를 행할 것이다. 요컨대 '효'라는 '이'에서 '궁구한다'라는 것은, 자식으로서는 '효'해야만 하며 '효'라는 것이 가장 자연스럽고 올바른 것이어서 그렇게 하는 것이 가장 마음이 편안하다는 것을 어디까지 뼈저리게 느껴 참으로 알고 있는지 그 실감의 깊이를 철저하게 '규명한다'라는 것이었다.

'이'는 본래 모든 사람에게 있어 자명하고 당연한 것이지만, 사람들은 그것을 얼마나 깊이 실감하며 알고 있을까? 각각의 사태가 무슨 일이 있어도 그러해야만 하며 그 이외의 것일 수 없다는 것, 그리고 세계는 그러한 '이'의 그물에 푹 덮여 있어 예외는 있을 수 없다는 것을 사람들은 얼마나 뼈저리게 알고 있는 것일까? 이러한 앎의 실감을 깊이 하는 것이야말로 '궁리'에서의 '궁구한다'라는 의미였다. 그리고 그 실감을 깊이 하기 위해서는 '사물을 마주하는', 즉 현실의 사태에 직접적으로 대치하는 것 이외에는 없었다.

주희에게 있어 '이'를 '궁구한다'라는 것은 이른바 '진리의 탐구'와 같이 미지의 '이'를 탐구한다는 것을 의미하는 것이 아니다. '이'를 심오한 저편에 상정하고 실감을 떠나 앎을 무한히 확대하는 것을 주희는 오히려 경계하고 있었다. '지나치게 구해서는 안 된다. 지나치게 구하면 괴이쩍은 것이 되어버린다'라는 주희의 말은 그러한 인간의 이지가 지니는 위험한 본성을 경계하는 것이었다.

이학자 주희의 합리 비판

여기서 다시 한번 '격물궁리'가 무엇을 위해 제출된 방법이었는지를 상기해두고자 한다. '격물궁리'는 또 하나의 방법 '거경'과 함께 현실의 마음의 불안을 해소하고 주체성으로서의 '마음'을 놓치지 않으려고 하는 방법이었다. 외계의 사태의 '이'를 의식의 대상으로 하는 '격물궁리'를 통해 마음으로 마음을 조작하는 모순을 회피하면서 내면적인 마음의 문제를 결과적으로 해결하는 것이 추구된 것이다. 그와 동시에 '이'를 알고 그것을 마음 깊이 확신하는 것이 마음의 불안이나 모순을 해결한다고 생각되고 있었다. 요컨대 주희에게 있어 '격물궁리'는 구석구석까지 합리적인 세계를 완전히 알 수 있는 인간 이성의 가능성을 주장하는 것이었다.

그러나 다른 한편으로 주희는 '이'가 내포하는 위험성을 충분히 의식하고 있기도 했다. 그것은 '이'에 의한 현실의 단순화·추상화라고 할 수 있을 것이다. 다시 말하면 인간은 마음의 안정을 위해 세계를 이처럼 단순화하고 인간의 지성을 이처럼 낙관적으로 믿어도 좋은가 하는 문제 제기이기도 한 것이다. 주희는 다음과 같이 말하고 있다.

『대학』은 궁리라고 말하지 않고 격물이라고 말한다. 요컨대 이라고 하면 잡을 수 없는 것이 되고 사물은 때로는 이를 떠나는 데 반해, 사물이라고 하면 이는 스스로 거기에 있고, 자연과 사물과 이가 떨어지지 않는 것이다. (같은 책, 권15)

사람들은 종종 이를 뭔가 공중에 떠 있는 것처럼 바라본다. 『대학』이 궁리라고 말하지 않고 격물이라고만 말하는 것은 사람에게 사물에 입각하여 이해시키려고 했기 때문으로, 그렇게 생각해야만 실체를 알 수 있는 것이다. 여기서 말하는 실체란 사물에 입각하지 않으면 알 수 없다. 예를 들어 배를 만들어 물 위에서 움직이고 수레를 만들어 땅 위에서 움직이는 것과 같은 것인데,

시험 삼아 배를 땅 위에서 움직여보면 된다. 설사 아무리 많은 사람이 힘을 합치더라도 움직이게 할 수 없다. 그때 사람들은 비로소 배가 땅 위를 움직일 수 없다는 것을 알 수 있다. 이것이 실체이다. (같은 곳)

'이'보다도 '물'이라고 하는 주희의 발언은 자기가 덧붙인 해석을 부정하는 것으로 보이기도 하지만, '이'를 말하지 않으면 우리는 세계를 설명하고 마음의 안정을 얻을 수 없다. 그러나 '이'를 말해버린 자의 책임으로서 주희는 그 위험성에 대해 계속해서 경고하지 않을 수 없었던 것이다. 주희에게 '이'는 무엇보다도 '물'과 표리일체의 것으로서만 확인할 수 있는 것이고, 무엇이 '이'인가 하는 근거도 현실의 마음이 지니는 실감 이외에는 없을 것이었다. 그러나 '이'는 말로서 추상적으로 말해지며, 쉽사리 '물'과의 밀접한 관계를 잃어버릴 숙명에 놓여 있다. 그 결과 무엇이 '이'인 것인지를 뒷받침하는 근거는 취약한 것이 되지 않을 수 없으며, 때때로 '이'의 근거는 자의적인 것이 되어버린다.

주희의 걱정대로 '이학理學'은 결국 현실과의 밀접한 관계를 희박하게 하고, 마음의 실감과는 다른 곳에서 오히려 마음을 붙들어 매는 것으로서 기능하기 시작한다. 좁은 의미의 '심학心學', 즉 양명학은 '이'에 의해 추상화한 마음의 실감을 되찾기 위해 굳이 다시금 '이'에 대한 마음의 우위를 주장한 것이었다.

궁리와 경학

모든 사태에는 각각 '이'가 있다고 한 주자학에 있어 '격물궁리'는 원리적으로는 모든 사물을 대상으로 하는 것이지만, 실제로는 우선해야 할 대상이 있었다. 경서를 읽는다는, 유교 경전에서의 '격물궁리'가 그것이다.

경서란 옛 성인들이 우리를 위해 남겨준 말이며, 이 유한한 책들 안에 우리에게 필요한 '이'의 표본이 모두 갖추어져 있다. 우리는 경서에서의 '격물궁리'를 통해 무엇이 '이'인지의 기본적인 유형을 미리 앎과 동시에 모든 사태에는 각각 반드시 '이'가 있다는 이 세계의 확실함을 실감할 수 있다. 이것은 '이'가 자명하다고 하면서도 다양한 현실 속에서 때때로 무엇이 '이'인지 갈피를 못 잡을 수밖에 없는 우리에게 있어 커다란 도움이 된다. 아니, 도움이라기보다 이러한 사전의 훈련 없이는 현실 사태의 '격물궁리'는 본래 성립하지 않는다. 경서에서의 '격물궁리'는 '이'의 근거를 보증해주는 것으로 없어서는 안 되는 것이었다.

경서의 존재는 주자학, 나아가서는 유교 전체에 불가결한 것이었다. 경서라는 권위 있는 절대의 말을 어떻게 독해할 것인가 하는 경학이야말로 공자의 '있는 그대로 기술할 뿐 새로 지어내지 않는다述而不作'(『논어』, 술이 편)라는 선언 이후의 유학자에게 있어 본분이라고 해도 지나친 말이 아니다. 주자학에서도 마찬가지로 주희의 주저는 경서의 주석서이며, 다른 학파와 비교하여 경서의

주석서가 갖추어져 있었던 까닭에 후세에 주자학은 체제 교학이
되어 그 힘을 오랫동안 유지한 것이다.

경서가 존재하고 그것이 '이'의 근거로서 기능한 것은 자칫하면
주관적·자의적으로 될 수도 있는 마음의 문제 영역에서 주자학이
일정한 객관성을 지닐 수 있도록 뒷받침하는 것이었다. 주희가
걱정한 인간 이지의 폭주도 주자학이 유교의 원칙에 따르고 일의적
으로는 경학이라는 점에 의해서만 회피될 수 있는 것이었다.

4. 주자학으로부터 생각한다

경학 없는 시대의 궁리

주자학에서 경서라는 존재는 불가결한 것이었다. 그것은 '이'라
는 이 세계의 의미나 가치를 일의적으로 결정해주는 근거였기
때문이다. 경서가 없으면 '이'는 그 근거를 잃고, 자명하고 자연적
이라는 명목 아래 가장 자의적인 마음의 실감에 맡겨지든가 현실
사회에서의 다수자나 강자의 의견에 좌우될 수밖에 없다. 그렇지만
무엇이 올바르고 타당한 것인가, 어떻게 해야 할 것인가와 같은
'이'의 내용을 절대의 권위 아래 일의적으로 결정한다는 것은
본래 현대의 우리 관점에서 바라보면 쉽게 받아들일 수 없는
것이며, 그것이야말로 주자학을 지나간 옛 시대의 사상으로 간주하

는 자에게 안성맞춤의 구실을 주는 것이 틀림없다.

오늘날의 우리는 경학이 없는 시대에 살아가고 있다. 경학 없는 시대에 우리는 어떻게 '이'를 믿을 수 있을까? 어떻게 해서 사태의 의미와 가치와 의의를 확정하고, 무엇이 올바르고 타당한지를 확신하고 안심할 수 있는 것일까?

차라리 '이' 따위는 없다고 말해보면 어떨까? 무엇이 '이'인 것일까? 즉, 무엇이 올바르고 타당한 것일까? 그 근거를 절대시하는 것이 망설여지는 것이라면, 본래 무엇을 위한 '이'인 것일까? 그러나 모든 사태에는 의미도 없고 가치도 없으며 무엇이 올바르고 타당한 것인가 하는 것에 근거도 없다고 한다면, 우리는 아마도 마음 편안하게 살아갈 수 없을 것이다. '이'는 사람의 마음을 즐겁게 해준다. '이'가 있기 때문이야말로, 자기의 판단과 행위가 '이'에 적합하고 올바르며 타당하다고 느끼기 때문이야말로, 사람은 안심하고 살아갈 수 있는 것이다. 물론 사람의 마음은 의외로 정직한 것이어서 마음의 즐거움을 얻기 위해 너무 쉽게 내세운 근거는 그 어느 것이든 자기 마음에 불안을 가져오겠지만 말이다.

우리는 오히려 경학을 전제로 함으로써 주희가 얻은 것에 주목해야 할 것이다. 옛 성인을 믿고 경학을 거점으로 함으로써 주희는 상대적일 수밖에 없는 현실의 세계를 대단히 겸허하고 객관적으로 설명하고자 한다. 절대의 경서 앞에서 한정적일 수밖에 없는 존재이기 때문이야말로 주희는 자기의 주관을 있는 힘껏 그만둘 수 있었던 것이 아닐까? 그렇게 생각할 때 절대를 믿는다고 하는,

즉 인간의 이지와는 상반하는 것과 같은 태도를 그야말로 이지적으로 선택하는 각오야말로 주희에게 세계를 설명하고 마음 편안하게 살아가는 자유를 부여했다고 말할 수 있는 것이 아닐까?

경학 없는 시대에 살아가는 우리에게도 '이'를 구하는 것은 피할 수 없는 일인지도 모른다. 그러나 주희 등등처럼 '궁구하는' 것이 어려운 우리는 마음의 불안을 지니면서 주자학과는 다른 모양의 '궁리'를 계속해서 시도할 수밖에 없다. 이 시도는 주자학이 과거의 것으로 여겨질 뿐이었던 메이지 시대의 우리 선인들의 격투에서 시작되는 것이었다.

궁리와 근대 학문

메이지 초기 노도와 같이 밀려 들어오는 서양 유래의 가로문자 학문을 필사적으로 받아들이고자 한 일본인은 그 명칭이나 용어의 많은 것을 주자학 용어를 이용하여 번역했다. 당시의 일본 지식인에게 학문이라고 하면 주자학으로 대표되는 한학이었다. '궁리학窮理學' 또는 '이학理學'이라는 명칭은 처음에는 물리학이나 철학을 가리키는 것으로서 사용되며, 오늘날에도 우리는 '물리학·심리학·윤리학·지리학·생리학' 등등의 'O리학'이라는 학문 명칭을 사용하고 있다. 물질의 '이'를 '궁구하는' 것이 물리학, 인간 마음의 '이'를 '궁구하는' 것이 심리학이라는 것이겠지만, 이 번역은 과연 타당한 것이었을까? 지금 새로이 이렇게 다시 물어보는 것은 우리의 상식적인 학문·연구관을 다시 응시하는 것으로 이어진다.

　예를 들어 현대에 살아가는 우리에게 물리학이란 물질의 무엇을 어떻게 하는 학문일까? 그리고 심리학이란 인간 마음의 무엇에 접근하는 학문일까? 그 무엇을 메이지 초의 사람들은 '이'라고 부르고, 어떻게 할 것인지를 '궁구하다'라는 말로 표현한 것이다. 좀 더 말하자면 모든 사태에는 '이'가 있고, 사람은 그것을 알고 설명할 수 있다는 주자학의 전제는 근대 이후의 학문·연구에서도 무자각적으로 계승되고 있는지도 모른다. 이러한 우리 선인의 서양 수용은 이미 말한 주자학의 '궁리'의 의미를 근거로 할 때 과연 적당했던 것일까? 주자학 용어에 의한 번역으로 인해 우리는 서양 유래의 과학들을 충분히 수용할 수 없었던 것은 아닐까? 주자학의 '궁리'가 우리의 학문·연구와는 동떨어진 것이라면, 도대체 우리의 학문·연구란 단적으로 무엇을 어떻게 하는 것일까?

　오늘날에도 이러한 질문을 계속하는 것은 주자학의 세례를 받고 그 바탕 위에서 서양 근대의 학문들을 받아들일 수밖에 없었던 동양의 우리가 현대에 주자학을 과거의 유물로서 완전히 매장해 버리기 위해 불가결한 작업이라고 할 수 있을 것이다.

☞ 좀 더 자세히 알기 위한 참고 문헌

― 가키우치 게이코垣内景子, 『주자학 입문朱子学入門』, ミネルヴァ書房, 2015년.
가장 알기 쉬운 주자학 입문서. 동아시아의 사상 원리인 주자학의 세계관
과 기본 개념을 동양 사상이나 철학의 지식을 전혀 갖지 못한 사람들을
대상으로 알기 쉽게 해설했다. 말하자면 입문을 위한 입문서. 위에서
기술한 본문은 이 졸저를 요약한 것이기 때문에, 본문을 통해 주자학에
흥미를 갖게 된 사람이라면 아무쪼록 일독을 권하고자 한다.
― 쓰치다 겐지로土田健次郎, 『유교 입문儒教入門』, 東京大学出版会, 2011년. 주자
학을 포함한 유교 전체에 관한 입문서. 입문서이기는 하지만, 이 분야의
제1인자가 학계 최고의 논의를 토대로 하여 해석한 것으로 내용적으로는
대단히 중후한 것이다. 주자학의 깊이를 알기 위해서는 필독서이다.
― 쓰치다 겐지로土田健次郎, 『에도의 주자학江戸の朱子学』, 筑摩選書, 2014년.
일본 에도 시대의 주자학을 해설한 것이지만, 주자학 그 자체의 구조에
대해서도 간결하게 정리하고 있다. 일본의 사상사에서 주자학이 수행한
역할이 당시의 사상 상황 속에서 입체적으로 그려진다.
― 미우라 구니오三浦國雄, 『주자어류 선집·朱子語類抄』, 講談社学術文庫, 2008년.
본문에서도 자주 인용한 주희의 어록 『주자어류』의 발췌 번역. 주자학이
라는 사상가의 이름을 달고 있는 사상이 바로 주희라는 한 사람의
인간이 살아가는 모습이었다는 것을 상기하게 해준다.

제9장

가마쿠라 시대의 불교

미노와 겐료蓑輪顯量

1. 전체 그림

12세기 후반기 무렵부터 등장하기 시작하는 조사祖師들이 일으킨 불교가 일약 시대의 조류가 된 것은 아니며, 가마쿠라 시대를 통해 주류였던 것은 전대부터 이어지는 불교였다. 헤이안 시대부터 계속되는 불교는 현밀顯密 불교 또는 기성 불교라고 칭해지기도 한다. 현밀은 현교顯敎 밀교密敎를 배우는 승려들의 불교를 현밀이라고 부른 것이지만, 이러한 이해는 구로다 도시오黑田俊雄에 의해 제창된 권문체제론, 그리고 그 일익을 담당한 절과 신사 가문 세력을 설명하는 현밀체제론에 기초한다(구로다 도시오, 『현밀 불교와 절과 신사 세력顯密仏敎と寺社勢力』, 法藏館, 1995년). 실제로 13세기 후반 무렵의 자료에 '현밀, 정토, 선'으로 당시 불교계의 세력이 구분되어 있기도 하다. 구로다의 견해에 따르면 주류는 현밀이고, 개혁파와 이단파의 셋으로 구성된다.

그러나 개혁, 이단파 등 불교계에는 없는 개념으로 구분되어 있다는 점에 문제가 있으며, 이것과는 다른 새로운 이념 계통이 등장했다. 그것이 '관승官僧과 둔세승遯世僧' 체제였다(마쓰오 겐지 松尾剛次, 『가마쿠라 신불교의 성립 ─ 입문 의례와 조사 신화鎌倉新仏 教の成立─入門儀礼と祖師神話』, 吉川弘文館, 1998년). 이 이념형은 당시의 불교계 사정을 반영하여 '둔세遯世'(속세를 등지고 불문에 들어감) 에 주목한 것으로, 대체로 찬성의 뜻을 표현할 수 있지만, 이것에 도 문제가 있다. 그것에는 관승이라는 용어가 고대 불교계의 특징을 보여주는 용어 ─ 관도官度와 사도私度라는 수계에 기초한 다 ─ 로서 사용된 경위가 놓여 있으며, 중세의 절의 승려가 그 연장선상에 존재하는 것이라고 하더라도 조금 위화감을 지니 지 않을 수 없다.

그 후에 등장한 것이 '교중交衆과 둔세'이다. 이것은 중세의 불교를 불교계의 중심 부분과 주변부의 관계로서 파악하는 것이다. 그것은 당시의 자료에 등장하는 '교중'과 '둔세'라는 역사 용어에 주목하고 있으며, 게다가 이들 용어가 가마쿠라 시대 불교계의 특징을 보여준다고 생각한다(기쿠치 히로키菊地大樹, 『가마쿠라 불교에 이르는 길 ─ 실천과 수학·신심의 계보鎌倉仏教への道─實踐と 修学·信心の系譜』, 講談社選書メチエ, 2011년).

남도南都의 여러 종파와 천태天台, 진언眞言을 받드는 현밀의 승려들이 세력적으로는 다수를 차지하며, 그 대표적인 존재인 학승들이 부지런히 영위한 과업인 법회에 우선 주목하고자 한다. 그들 가운데로부터 둔세라는 행위가 등장했다. 그것은 출세로 이어지는 법회 등에 나서지 않는다는 성격을 띠었다. 말하자면 승려 세계의 평판을 이용하는 것으로부터 떠난 것이다. 그 둔세승들이 집단을 구성하게 되었다. 그들은 둔세문遁世門으로 불리며, 그들을 중심으로 교리나 실천의 측면이 새로운 불교가 태어났다.

그리하여 우선은 사회적으로 주류였던 세력의 영위, 그것을 모태로 하여 산출된 불교가 어떠한 것이었는지를 진술하고, 다음으로 둔세에 의해 형성된 집단의 영위에 초점을 맞추어 기술하고자 한다.

2. 현밀 불교의 영위

사원과 승려

가마쿠라 시대가 되어서도 불교계의 주류는 전대로부터 계승되는 남도의 여러 종파와 천태, 진언의 사원 세력이었다. 남도의 사원에서 중요한 역할을 담당한 것은 도다이지東大寺와 고후쿠지興福寺이다. 도다이지는 화엄종과 삼론종, 고후쿠지는 법상종의 거점이었다. 천태에서는 히에이산의 엔랴쿠지延曆寺와 미이의 온죠지園

城寺, 진언종에서는 교토의 도지東寺, 고야산의 곤고부지金剛峯寺, 그리고 호신노法親王가 머무른 닌나지仁和寺가 힘을 지녔다. 본래 종宗은 교리를 가리키는 용어였다. 그러나 종이 집단을 의미하는 용어로도 사용되는데, 이는 도다이지 종소가 설치된 일, 헤이안조 초기에 성립한 천태와 진언의 두 종파에서, 특정 사원에서 전문적으로 수학한 일이 원인이라고 추정된다. 또 종을 사원 고유의 것으로 이해하게 된 것도 종이 집단을 의미하는 용어가 된 먼 원인들이다. 원정기院政期로부터 가마쿠라 시대에 걸쳐 도다이지, 고후쿠지, 엔랴쿠지, 온죠지의 네 사원이 중요한 것으로 생각되고, 네 개의 큰 사원四箇大寺이라는 호칭도 만들어졌다. 이 네 개의 큰 사원의 승려에 의한 법회가 중요한 의미를 지니고서 계승된 것이 가마쿠라 시대였다.

원정기 이후 불교계의 특징으로는 승려 세계에도 출신에 의한 구분이 도입된 것, 학승과 선승 등, 승려의 역할에 의한 구분이 출현한 것이 거론된다. 천황가, 섭관가攝關家 출신의 승려는 귀종貴種이라 불리고, 다른 귀족 출신자는 양가良家, 그 밖에는 범인凡人이라 불렸다. 또한 승려는 학문 연찬을 전문적으로 하는 학승과 그 이외의 일에도 종사하는 선승으로 나누어졌다. 학승은 여러 종파에 거의 공통된 표현이지만, 선승에 해당하는 말은 행인行人, 선중禪衆 등 몇 가지가 존재한다. 학승을 불교계의 정점으로 하는 의식이 존재하고, 학승과 그 밖의 승려들도 포함하여 사승寺僧이라고 불렸지만, 그들은 사원의 명부에 이름이 기록된 존재였다. 사원의

명부로부터 이름을 삭제당하는 것은 사원으로부터 배제된다는
것을 의미했다.

법회의 영위와 불교 교리와의 관련

그런데 앞에서 말한 네 개의 큰 사원의 승려, 그것도 정점에
서는 것으로 자리매김한 학승이 천황의 초청(공청^{公講})이나 상황^上
^皇의 초청(어청^{御請})으로 개최된 격식이 높은 법회에 출사했다.
이와 같은 격식이 높은 법회가 원정기로부터 가마쿠라 시대를
통해 행해졌다. 그러한 법회들에 청중이나 강사로서 참여하는
것은 명예로운 일로 생각되었다. 나라의 3회(고후쿠지 유마회,
야쿠시지^{薬師寺} 최승회, 고후쿠지 법화회), 북경의 3회(엔쥬지^{円宗寺}
법화회, 엔쥬지 최승회, 호쇼지^{法勝寺} 대승회)라고 불리는 법회도
격식이 높은 법회이지만, 각각 남도와 호쿠레이^{北嶺}(엔랴쿠지)의
승려에게 독점되어 있었다. 이것들의 상위에 교토의 3강이라고
불리는 강경론의^{講経論義} 법회가 성립한 것인데, 그것들이 궁중
최승강^{宮中最勝講}, 선동 최승강^{仙洞最勝講}, 호쇼지의 어팔강^{御八講}이었
다.

그리고 이 3강의 출사가 공청과 어청에 의해 성립하고 선택된
학승만으로 집행되고 있었다. 남도의 학승은 30강 등의 사원 내
법회에서 연찬을 쌓은 후, 남도 3회의 청중이나 강사를 거쳐 3강에
출사했다. 호쿠레이 계통의 승려도 마찬가지로 사원 내 법회를

거친 후, 북경 3회의 청중이나 강사를 거쳐 3강에 출사했다. 당시의 중요한 사원에서 별당別当이나 승정僧正에 임명되는 데는 사원 내 법회, 남경과 북경의 격식이 높은 법회, 그리고 남경과 북경에서 개최된 가장 격식이 높은 3강을 거칠 필요가 있었다.

이와 같은 학승이 배운 것은 사실은 폭넓은 불교 교리학이었다. 법회에는 경전의 강설과 논의가 한 세트로서 설정되어 있었지만, 강설을 위한 자료로서 경석經釋이라고 불리는 문장이 작성되었다. 경석에는 각각의 승려가 속하는 본종本宗의 교학이 반영되었다. 예를 들어 『법화경法華經』에 관한 법화경석을 살펴보면, 천태 계통의 사원에 소속하는 승려가 작성하는 경석에는 천태 계통의 주석이 이용되고 천태 교학이 반영되어 있었다. 다른 한편 법상종을 본종으로 하는 승려가 강설하는 경우에는 법상 계통의 주석이 이용되고 법상 교학이 반영되어 있었다.

논의와 설법에 의한 연찬

또한 교리의 논쟁인 논의論義에 관한 자료도 수많이 남아 있다. 논의에는 흥미로운 원칙이 있었다는 것이 알려져 있다. 예를 들어 3강의 하나인 호쇼지 어팔강에는 도다이지의 소쇼宗性가 써 남긴 『호쇼지 어팔강 문답기法勝寺御八講問答記』라는 자료가 존재한다. 이 자료는 주로 물음에 초점이 맞춰져 있다. 때때로 대답 부분에 아무것도 적혀 있지 않은 것이 있지만, 기본적으로 문답을 기록한 것이고, 질문하는 자의 수학을 위해 작성된 자료로 추정되고 있다.

이 논의는 강사가 천태종의 승려일 때에는 묻는 자로 거의 예외 없이 나라의 도다이지 또는 고후쿠지 승려가 배당되고, 도다이지 또는 고후쿠지의 승려가 강사일 때에는 반드시 엔랴쿠지 또는 미이데라三井寺의 승려가 묻는 자로 배당되었다.

그리고 질문은 두 가지 물음이 제출되었지만, 거기에도 원칙이 존재했다. 첫 번째 물음은 그 직전에 강론된 경전의 글귀를 인용하고, 그 글귀를 계기로 하여 강사의 교학에 관련된 내용을 묻는다. 두 번째 물음은 경전의 글귀가 제출되지 않고, 직접 강사가 소속된 종파의 교학이 물어졌다. 글 가운데 '그에 부쳐'라든가 '좀 더 말하여', '두 가지 방식兩樣' 등, 특유의 용어가 등장한다. '두 가지 방식'은 긍정적으로 답하든 부정적으로 답하든 어느 쪽도 다른 경론과의 모순을 불러일으키는 경우를 가리킨다. 이와 같은 논의를 그 특징에 맞추어 명명한다면, 고후쿠지의 유마회에서 행해진 논의의 기록에 경전의 문장에 기초한 논의 자료를 '문단척文短尺', 종파의 교학에 기초한 논의 자료를 '의단척義短尺'이라고 부르는 예가 존재하기 때문에, 그것을 본떠서 문논의文論義와 의논의義論義라고 명명할 수 있다. 결국 격식이 높은 법회에서의 논의는 문논의와 의논의 두 가지로 구성되어 있었다고 말할 수 있다.

논의에는 교학에 관계되는 논의와 불교 논리학이라고 말해지는 인명因明에 관계되는 논의가 있었지만, 인명은 가마쿠라 시대에는

격식이 높은 법회에서는 행해지지 않았다. 그러나 법상종 계열의 사원에서는 중요한 것으로 부활했다. 인명에서는 네 종류의 상위인 相違因──주장 명제와 다른 주장 명제를 성립시키는 네 가지 이유에서의 잘못. 법자상상위인法自相相違因, 법차별상위인法差別相違因, 유법자상상위인有法自相相違因, 유법차별상위인有法差別相違因을 말한다──과 33과過 등을 논점으로서 배우고 익히는 경향이 있었다(모로시게키師茂樹, 『논리와 역사──동아시아 불교 논리학의 형성과 전개論理と歷史─東アジア仏教論理学の形成と展開』, ナカニシヤ出版, 2015년).

연찬의 구체적인 모습

이러한 논의들에서 질의응답이 가능해지기 위해서는 도다이지나 고호쿠지의 승려라 하더라도 천태학의 지식이 필수이고, 천태의 승려 역시 법상종이나 화엄종, 삼론종의 지식이 필수였다. 학승 계열의 승려는 폭넓게 전통적인 종파를 공부할 필요에 내몰리고 있었으며, 이를 위한 시스템이 사내 법회로부터 지역의 격식이 높은 법회로 이어지는 수학이었다고 자리 매겨진다. 교토와 도쿄의 승려가 출사하는 가장 격식이 높은 법회가 원정기로부터 남북조 시기까지 존속한 앞에서 말한 3강이며, 네 개의 큰 사원의 학승은 그 출사에서 의의를 발견하고 있었다. 또한 이 법회들의 개최 취지는 천황의 옥체안온, 오곡풍양, 만민풍악 등이며, 이 점을 중시하면 한 나라라는 공동체의 안정이 염원되었다고 말할 수 있다.

또한 실제로 논의가 이루어진 예를 들어둔다. 예를 들어 호쇼지 어팔강의 첫째 날 아침 자리에서는 『무량의경無量義經』이 강론되었지만, 문논의로서는 경전 중의 '반야화엄해공般若華嚴海空'이라는 말이 자주 인용되었다. 화엄, 반야라는 용어가 나오지만, 이 말의 존재를 포함하여 이 경이 천태의 오시팔교五時八教의 어디에 해당하는 것인지가 물어졌다. 의논의로서는 다양한 문제가 물어졌다.

배우고 익히는 것은 논의 — 일 대 일로 논의하는 것 — 와 담의談義 — 여러 명이 논의하는 것 — 의 형식으로 연찬이 쌓였지만, 둔세의 승려에 의해 체계적인 수학이 이루어졌다는 점도 부정할 수 없다. 고호쿠지에서는 법상종의 승려인 게다쓰 죠케이解脫貞慶(1155~1213)에 의해 『유식론 심사초唯識論尋思鈔』가 만들어지며, 곧이어 『성유식론 본문초成唯識論本文抄』, 『유식론 동학초唯識論同學鈔』 등이 제작되었다. 이것들은 경전 기술의 정합성과 교리의 이해를 좀 더 깊게 하는 것이었다.

또한 13세기 중엽에는 『진리초眞理鈔』라는 매우 흥미로운 저술도 존재한다. 이 글에서는 우리의 인식 세계를 논의하고 있는데, 세계는 우리의 감각 기관이 파악한 것이 마음속에 영상으로서 그려지고, 그것을 인식하고 있는 것이라는 이해가 보인다. 그리고 우리의 마음이 만들어내는 움직임에는 '분별, 명언名言, 심사尋思'라는 세 개의 활동이 있으며, 이것들이 희론戲論이라고 자리매김하였다. 이것은 중국의 자은대사慈恩大師의 저작인 『대반야바라밀다경

반야이취분술찬大般若波羅蜜多経般若理趣分述讃』에 기초한 견해이지만, 언어에 의해 파악되기 전에 대상을 구별하여 파악하는 활동이 우리의 마음에 존재한다는 것을 논의하고 있다. 그리고 마음에 언어적인 파악이나 구별을 하는 활동이 생기지 않는 것과 같은 파악 방식이 있다는 것을 무분별의 상태라고 말한다. 더욱이 이 무분별의 상태에서도 대상이 막연하게 파악되고 있다는 점에서 미세한 인식의 활동은 생기고 있으며, 그와 같이 인식되는 세계가 진여眞如, 실상의 세계라고 하는 논의가 이루어지고 있다. 이것들은 현상학이 논의하는 세계와 서로 통하는 점들이다.

덧붙이자면, 진언종眞言宗에서도 법신설법法身説法에 관해 라이유賴瑜(1226~1304)가 가지신설법加持身説法 설을 세웠지만, 이것도 논의 가운데서 태어난 것으로 생각된다.

3. 새롭게 등장하는 종파들

정토종

11세기 중반경부터 성행하게 된 역사관이 말법末法(불교에서 기원한다)과 말대末代(유교에서 기원한다) 사상이다. 그와 같은 풍조 속에서 융성한 것이 정토淨土 신앙이다. 그 최초는 호넨法然(1133~1212)에 의해 구축되었다. 정토교 그 자체는 일찍이 나라

조정 시기에도 확인되며, 교토의 쿠야空也나 히에이산의 겐신源信, 료닌良忍 그리고 고야산의 가쿠반覺鑁, 도다이지의 에이칸永觀 등에 의해 널리 퍼졌는데, 그것은 명상이나 부처님의 이름을 외는 염불이며, 수행의 하나로서 자리 잡고 있었다. 그것과는 다른 새로운 종으로서 정토교를 확립한 것은 호넨이다. 이 자리매김은 가마쿠라 시대 후반기에 활약한 교넨凝然(1240~1321)에 의해 명확히 말해지는데,『정토법문원류장淨土法門源流章』에서 정토교를 하나의 종으로서 독립시킨 인물은 호넨이라고 주장한다.

호넨은 석가모니불이 이야기한 가르침에는 성도문聖道門과 정토문淨土門이 있으며, 말법의 시기에 상응한 가르침은 정토문이고, 또한 행行에도 정행正行(순연한 행)과 잡행雜行(잡다한 행)이 있으며, 말법에 상응한 정행은 나무아미타불이라고 외우는 칭명稱名(부처님의 이름을 욈)뿐이라고 자리매김했다. 그 배경에서는 중국의 정토교의 스승 중에서도 칭명을 중시한 선도善導의『관무량수경소觀無量壽經疏』의 영향이 찾아진다. 호넨의 염불에서도 아미타의 48원(본원本願)을 믿는 믿음은 중시되고 있지만, 중요한 점은 칭명이야말로 정행으로서 실천되었다는 점이다. 호넨의 주저는 구죠카네자네九條兼實의 요구에 응해 저술된『선택본원염불집選擇本願念佛集』인데, 이 책에는 염불을 유일한 정행으로 삼기 위한 증거의 문장이 모여 있다.

호넨의 주장이 단적으로 기록되어 있는 것은 만년에 쓰인『일매기청문一枚起請文』인데, 거기에는 '여러 지자들이 행하는 관념의 염불도 아니다. 또한 학문을 하여 염하는 마음을 깨달아서 읊는 염불도 아니다. 다만 왕생극락을 위해 나무아미타불이라고 외우면 틀림없이 왕생한다고 생각하고서 외우는 것 외에는 특별한 것이 없다'라고 적혀 있다. 호넨은 다만 '나무아미타불'이라고 염불을 외움으로써 모든 사람이 왕생할 수 있다고 주장하고 전수염불專修念佛의 가르침을 확립했다. 아미타의 본원을 타력他力이라 칭하고, 그 타력을 근거로 왕생을 모든 이에게 열린 것으로 하며, 칭명이라는 누구라도 할 수 있는 행위(이행易行)에 중요성을 부여함으로써 보통의 평범한 사람도 왕생이 가능해졌다고 할 수 있을 것이다. 호넨이 평범한 사람이라는 개인을 의식한 것은 틀림없다.

호넨의 제자에는 승려를 비롯하여 재속의 인물들이 수많이 존재했다. 승려로서는 벤쵸弁長, 겐치源智, 신쿠信空, 류칸隆寬, 쇼쿠証空, 탄쿠湛空, 쵸사이長西, 고사이幸西, 도벤道弁, 신란親鸞 등이 있다. 또한 재속의 인물로는 당시의 정치적 실력자였던 구죠카 네자네와 구마가이 나오자네熊谷直實, 간토 무사인 우쓰노미야 요리쓰나宇都宮賴綱 등이 있었는데, 후대에 커다란 영향을 남긴 사람은 신란 (1173~1263)이었다.

정토진종

신란의 가르침에는 호넨의 가르침을 계승하면서도 새로운 전개가 존재했다. 그것은 자기가 악인이라는 것을 철저하게 응시한

다음, 아미타의 본원을 의지로 삼아 신심을 중시하는 자세였다. 신란은 48의 본원 중에서도 제18원을 중시하고, 모든 중생은 본원 이 성취되어 있는 까닭에 이미 아미타불에게 구원받았다는 입장에 섰다. 호넨의 입장이 염불이라는 외우는 행위를 정행으로서 중요시 함으로써 '염불위본念佛爲本'이라고 표현되는 데 반해, 신란의 입장 은 '신심위본信心爲本'이라고 말해진다.

신란은 아미타의 본원을 믿는 것이 가장 중요하다고 파악하고, 그 신심마저도 아미타불로부터 받은 것이라고 파악했다. 여기서 아미타의 본원력(타력)을 중시하고, 인간 측으로부터의 '조치'(즉 자력)를 부정하는 신앙이 확립했다. 그리고 나무아미타불이라고 외는 칭명은 감사를 위해서라는 자리매김이 성립했다. 신란의 신앙은 아미타의 본원에 모든 것을 맡기는, 즉 보통 사람의 자각으 로부터 시작하여 인간의 위탁 감정을 정면에 둔 신앙이었다고도 할 수 있다. 이 점에서는 그리스도교 신앙과의 유사성을 볼 수도 있을 것이다.

시종時宗

다음으로 새로운 관점에서 정토교를 보급한 사람이 잇펜一遍 (1239~1289)이다. 잇펜은 칭명을 낮과 밤 6시에 외운다는 입장에 서서 춤을 추며 염불로써 칭명을 널리 퍼뜨렸다. 그는 자료를 남기지 않았기 때문에 그 주장이 어떠한 것이었는지 자세히 알 수는 없지만, 와카和歌를 통해 다음과 같은 것이 전해진다. 처음에 '이름 외우면 나도 부처도 모두 없어지리라. 나무아미타불의 목소리만 남으리'라고 읊었지만, 아직 철저하지 않다고 비판받고서 '이름 외우면 나도 부처도 없어지리라. 나무아미타불 나무아미타불'이라고 고쳐 읊었다고 한다. 이 노래로부터 짐작할 수 있는 것은 칭명에 의한 아미타와의 합일감이 지향되었다는 점일 것이다. 잇펜은 염불하고 춤추고 다니면서 부산賦算(나무아미타불, 결정왕생/육십만인南無阿弥陀仏, 決定往/生六十万人이라고 적힌 부적을 믿고 안 믿고를 가리지 않고 사람들에게 배포했다), 그리고 명부에 이름을 적도록 하는 활동에 평생을 바쳤다.

그의 가르침은 계속해서 여러 곳을 돌아다니며 수행하고 포교하는 승려와 후지사와의 쇼죠코지淸淨光寺에 머무른 후지사와 쇼닌上人의 2인 체제로 계승되었다. 이 무렵부터 쇼죠코지에 전해지는 별시염불別時念佛은 시간을 정하여 칭명 염불을 되풀이하는 행사이며, 마지막 날에 행해지는 '히토쓰비一ツ火'라고 불리는 불사에서는 예토穢土(부정한 것이 가득 찬 인간 세계)인 차안(사바세계)의 교주 석존과 정토淨土인 피안(극락정토)의 교주 아미타불이 협력하여 중생의 구제를 실천한다는 사고가 보인다. 또한 그 염불은 '아미히키다바리 염불阿弥引き陀張り念仏'이라고 불리며, 음악적인 요소가 느껴진다. 이처럼 시종의 염불에서는 예술적인 요소가 인정되지만, 무로마치 시기 이후 교토의 시조에 도량이 나와(시죠도량, 곤렌지) 예능에 관계된 사람들에게도 영향을 미쳤다. 능악能樂(가

면극)이나 다도의 대성에 시종이 크게 관여했다는 것을 알 수 있다. 음악적인 칭명을 선창하고 황홀한 아미타와 하나가 되는 경지를 지향한 종파라고 할 수 있다.

선종

다음으로 주목되는 것은 달마를 시조로 우러르는 선종禪宗의 성립이다. 그 최초는 다이니치 노닌大日能忍(생몰년 미상)에 놓여 있는데, 그는 스승으로부터 이어받은 것 없이 깨달았다고 말했다. 그는 그 미비점을 보완하기 위해 분치 5(1189)년, 제자인 렌츄練中와 쇼벤勝弁 두 사람을 절강성의 아육왕사阿育王寺에 파견하고, 졸암덕광拙庵德光에게 그 깨우침의 경지를 증명해달라고 부탁했다. 덕광은 달마상과 자찬 초상화를 주어 인가를 대신했다고 한다.

이어서 활약하는 것이 중국으로 건너가 법통을 이어받은 에이사이榮西(1141~1215)이다. 그에 의해 중국의 남종선南宗禪이 비로소 본격적으로 소개되었다. 그러나 처음에는 그 세력을 키워나감에 따라 기성 불교계로부터 반감을 사게 되고, 겐큐 5년(1194), 엔랴쿠지, 고후쿠지의 호소에 따라 조정으로부터 정지의 선고가 내려졌다. 이때 에이사이는 『흥선호국론興禪護国論』을 집필하여 선을 융성케 하는 것이 호국으로 이어진다고 주장했다. 에이사이는 본래 히에이산에서 배운 승려이며, 일본에서 최초로 창건된 선사인 겐닌지에서 천태와 밀교와 선이 혼연일체가 된 불법을 설파했다고 한다. 에이사이의 밀교에 관련된 저작도 최근 나고야의 신푸쿠지眞福寺에서 발견되어 그의 가르침이 밀교, 천태, 선의 삼자가 융합한 것이라는 점이 다시 확인되기에 이르렀다. 이것은 중국의 선이 그 형태 그대로 도입된 것이 아니라 일본의 현밀을 토대로 하여 도입되었다는 것을 의미한다.

선종은 에이사이가 활동하던 무렵에는 아직 그 정도의 세력이 되지는 못했지만, 엔니円爾(1202~1280)와 란케이 도류蘭溪道隆(1213~1278)가 등장함에 따라 13세기 중반을 지날 무렵에는 비교적 큰 세력이 되었다고 생각된다. 엔니는 미이의 온죠지에서 득도하고 도다이지에서 계를 받은 승려이며, 가테이 원년(1235)에 송나라로 건너가 무준사범無準師範의 법을 계승했다. 귀국한 후 구죠 미치이에九條道家의 비호를 받아 교토에 도호쿠지東福寺가 창건되자 초대 주지가 되었다. 그는 사후인 오초 원년(1311)에 하나조노 천황으로부터 '쇼이츠聖一'라는 국사 칭호를 받았다.

그의 어록인 『성일국사어록聖一国師語録』에 따르면, 석가모니 일대의 교설을 이치, 기관, 향상의 세 종류로 분류했다고 한다. 마찬가지의 기사가 『원형석서元亨釋書』 엔니 전에도 등장하며, 오소 소세키夢窓疎石의 저술인 『몽중문답夢中問答』에도 이 표현이 보인다. 이치理致는 불법의 가르침을 연기나 공 등의 용어를 사용하여 표현한 것이고, 기관機關은 '개에게 불성이 있는가. 없다'와 같은 정답이 없는 문장인 공안公案을 가리키며 마음속에 계속해서 품는 것이고, 향상向上은 '물은 이 물, 산은 이 산' 등과 같이 분별을 덧붙이지 않은 경지를 가리켜 보이는 공안이었다고 한다. 그 모두가 깨달음에 이르는 방법으로서 의의가 있는 것으로서 인정되고 있었지만, 그중에서도 향상의 공안이 흥미롭다. 이것은 우리의 세계가 분별에 의해 성립하고 있다는 것을 상징적으로 보여준 것으로 생각되며, 깨달음의 경지는 그와 같은 분별(언어적인 것)이 아니라 있는 그대로 세계를 파악하는 것의 중요성을 이야기한 것으로 자리 매겨진다.

란케이 도류는 중국의 남송으로부터 도래한 승려이며, 비로소 대륙풍의 선이 일본에 정착하게 되었다. 후에 무주 이치엔無住一円이 『잡담집雑談集』에서 란케이가 창시한 켄초지建長寺에서는 대륙풍의 관습이 도입되었다는 것을 전해준다. 또한 엔니의 문하로부터는 고칸 시렌虎關師錬(1278~1346)이 등장하여 많은 저작을 남기며, 일본에서 최초의 본격적인 고승전 자료인 『원형석서』를 저술했다. 또한 슈호묘초宗峰妙超, 고호 겐니치高峰顯日, 무소 소세키夢窓疎石 등이 등장하여 선종은 크게 전개했다. 특히 무소 소세키는 제자 일만 명을 거느렸다고 한다. 도래계의 승려로서 무가쿠 소겐無学祖元, 곳탄 후네이兀庵普寧, 잇산 이치네이一山一寧 등도 일본에 와 선을 보급했다.

선종은 당시 고잔五山과 린카林下로 나뉘었지만, 막부의 비호 아래 있던 고잔이 번영했다. 이것은 교토와 가마쿠라에 놓인 대표적인 사원이며, 교토에는 그 위에 난젠지南禅寺가 자리 잡고 있었는데, 막부가 쇠퇴하는 무로마치 말기에는 쇠퇴했다. 한편 민중

속에 뿌리내린 린카의 사원은 점차 세력을 신장시키고, 그중에서도 교토 하나조노의 묘신妙心寺과 무라사키노의 다이토쿠지大德寺는 양대 거점이 되었다.

또한 이러한 선종 사원들에서는 한시문을 짓는 문화가 번창했다. 13세기부터 선원에서 번창한 문화를 고잔 문화라고 부르며 한시문을 중심으로 한 것을 고잔 문학이라고 호칭하는데, 이 문학은 말로는 표현할 수 없는 깨달음의 경지를 시적 상징을 사용하면 나타낼 수 있다고 하는 전제에 기초하고 있었다. 이 고잔 문학도 16세기 후반에는 순문학적으로 되었고, 근세의 유학자의 한시문으로 계승되었다고 한다. 조용히 선정禪定에 들어가 마음을 응시하는 수행 방법은 당시 무사들의 교양으로 널리 받아들여졌다. 또한 원나라의 공격이나 남북조의 동란으로 목숨을 잃은 사람들의 명복을 빌고 적과 자기편을 가르지 않고 공양하기 위한 사원도 만들어졌다. 여기에서는 원수와 친구가 본래 평등하다怨親平等는 사상을 볼 수 있다.

가마쿠라 시대의 선종에서는 도겐道元(1200~1253)도 중요하다. 그는 대륙으로부터 조동종曹洞宗을 전했는데, 그의 스승은 천동여정天童如淨(1163~1228)이었다. 여정의 '심진탈락心塵脫落'이라는 말을 듣고 스스로도 깨닫고, 그 깨달음의 경지를 '신심탈락身心脫落'으로 표현했다. 스승의 '심진'은 마음과 먼지이고, 도겐의 '신심'도 몸과 마음인바, 둘 다 감각기능에 의해 그려진 세계(포착된 대상)와 그것을 포착하는 마음의 작용을 가리키는 것으로 생각된다. 인간

인식의 구조를 알아차리고 그것에 구애되지 않는 것을 깨우쳤다고 자리 매겨진다.

도겐의 주저는 『정법안장正法眼藏』인데, 그 가운데 현성공안現成公案에는 자기를 잊는 것이 중요하며, 그것은 '만법으로 증명될 수 있는' 것이고, 또한 '만법으로 자기를 수증修證하는 것은 깨달음이라'라고 적혀 있는데, 이 경지에서는 인간의 감각 기능으로 포착되는 세계를 자신의 의도를 일으키지 않고서 단지 계속해서 깨닫고 있는 '관觀'의 세계가 생생히 떠오른다. 또한 도겐의 주장으로는 '수증일등修證一等'이라는 용어도 중요한 것인데, 거기에서는 원정기院政期 무렵부터 정면으로 나오는, 즉 모든 것을 긍정하는 천태본각天台本覺 사상에 대한 초극의 의식을 알아볼 수 있다. 수증일등은 수행이 그대로 증證, 즉 깨달음이라고 하는 것으로, 수행을 계속할 때 동시에 깨달음이 실현된다고 파악하는 생각이다. 이것은 동시대 속에 자리매김했을 때 본래적으로 깨닫고 있다고 하는 본각 사상이 수행이 필요하지 않다는 논의에 빠질 위험성을 지니는 까닭에 그 폐해를 극복하려고 한 것이었다고 생각된다.

중세 율종

중세의 남도에서도 주류는 헤이안 시기부터 이어지는 현밀의 승려가 차지했다. 커다란 사건으로서 지쇼의 병란에 의해 도다이지, 고후쿠지가 잿더미로 변했지만, 그 부흥이 이루어진 것을 들 수 있다. 이 부흥과 함께 선종의 도래에 자극을 받아 법상종과 율종律宗 속에서 새로운 운동이 일어났다. 순죠보 초겐俊乘房重源이 도다이지 부흥을 위한 대권진직大勸進職을 맡아 그 중심적인 인물이 되었고, 제2대 째에는 에이사이가 취임하며, 이후에는 선종과 율종에 관련된 승려가 그 직을 맡았다. 엔쇼円照는 도다이지 계단원戒壇院을 부흥하고, 또한 기름 창고를 맡은 성도였던 사이게이보 렌지쓰西迎房蓮實도 부흥에 진력했다는 것이 알려진다.

교리적으로도 새로운 전개가 보이지만, 그것도 둔세의 승려에 의해 이루어졌다. 우선 법상종을 본종으로 하는 승려였던 죠케이貞慶(1155~1213)에 의해 계율과 선정의 부흥 기운이 높아졌다. 그는 『심요초心要鈔』라는 저작을 남겼으며, 수행에 대해서도 언급하고, 미륵 가르침의 노래인 게송의 글귀(『아비달마잡집론阿毘達磨雜集論』의 한 구절)를 염불처럼 외는 것을 전했다. 또한 계율의 부흥과 관련해서는 『계율흥행원서戒律興行願書』를 썼는데, 남도의 불사 집행 스님들의 출세 최고위는 도다이지 계단원에서의 계화상戒和尚이 었다고 한다. 죠케이의 진언에 따라 고후쿠지 내에 계율을 배우는 장소로 상희원常喜院이 창건되었으며, 거기서 배운 가쿠죠覺盛(1194~1249)가 후에 중요한 역할을 했다.

법상종에서는 고후쿠지의 료헨良遍(1194~1252)이 엔니의 『종경록宗鏡錄』 강설을 듣고, 법상과 선禪의 같음과 다름을 고찰하는 『진심요결眞心要決』을 썼는데, 무분별의 경지라는 점에서는 공통점을 발견하고 있다. 또한 편계소집성遍計所執性, 의타기성依他起性, 원성실성圓成實性의 삼성설과 함께 상무성相無性, 생무성生無性, 승의무성勝義無性의 삼무성설을 중시하는데, 거기에서는 선의 영향이 보인다.

율종에서는 쇼지 원년(1199)에 송나라에 가 겐랴쿠 원년(1211)에 귀국한 순죠俊芿(1166~1227)가 우선 주목된다. 그는 교토의 센유지泉涌寺를 거점으로 율律, 밀密, 선禪, 정토淨土의 네 개의 종을 전파했다. 그는 율과 선의 부흥에서도 중요한 인물이며, 후에 남도의 승려들도 센유지의 승려에게 배우게 된다. 덧붙이자면, 순죠는 공개하지는 않았다고 생각되지만, 자서수계自誓受戒를 행했다고 한다. 이후 남도의 가쿠죠와 에이존叡尊, 엔세이円晴, 우곤有嚴 네 사람도 가테이 2년(1236) 9월, 도다이지의 법화당에서 자서수계를 행했는데, 이것은 『점찰경占察經』의 기술을 근거로 정통한 계사戒師가 없는 경우에 편법으로서의 수법受法이었다. 이때 『대승방등다라니경大乘方等陀羅尼經』의 기술을 참조하고, 꿈속에서 호상好相이 나타나는 것을 근거로 했다는 에이존(1201~1290)이 남긴 『자서수계기自誓受戒記』에서 알 수 있다.

그 후 가쿠죠는 『보살계통별이수초菩薩戒通別二受鈔』 및 『보살계통수견의초菩薩戒通受遣疑鈔』를 저술하며, 삼취정계三聚淨戒를 받는 수계로 보살의 구족계가 수여된다는 새로운 해석을 제출하고 그 수계법에 '통수通受'라는 이름을 붙였다. 전통적인 백사갈마白四羯磨 형식의 수계법은 '별수別受'라고 명명되었고, 양자가 병존하는 형태가 성립했다. 당시 센유지의 수법은 '자서自誓', 남도의 것은 '통수'라고 불렸다.

통수는 처음에는 신의新義(새로운 뜻)라고 하여 많은 반대가 표명되었다. 도다이지의 법화당과 중문당, 그리고 고후쿠지의 동서 두 금당 무리에 의해 집행되는 간진鑑眞(688~763) 이래의 전통적인 수계가 매년은 아니었지만 계속해서 집행되고 있었던 것이 그 배경에 존재한다. 그러나 통수는 법상종의 료헨과 삼론종의 에신叡心의 찬성도 있어 남도에서 점차 수용되기에 이르렀다. 사이다이지西大寺를 거점으로 활약한 에이존은 이 통수를 별수에 필적하는 일반적인 구족계 수계 방법의 하나로서 이해하고, 통수와 별수에 의한 수계를 많은 승려와 속인에게 행했다. 에이존의 자서전인 『감신학정기感身学正記』에 따르면, 그의 생애에 많은 사람에게 보살계를 전수했다는 것을 확인할 수 있지만, 그 가운데 많은 것이 통수 형식이었다고 추정된다. 덧붙이자면, 통수 형식의 수계 방법만이 메이지 이후에도 이어지고, 현재도 도다이지 계단원에서는 통수에 의한 구족계 수계가 십여 년에 한 번 정도로 이루어지고 있다.

한편, 도다이지의 동남원과 존승원, 고후쿠지의 대승원과 일승원 등의 사원에서는 헤이안 시대부터 이어지는 법회와 논의의 실습에서 불교의 교리적 연찬이 진행되고 있었다. 그들은 교중交衆으로서 활약하고, 논의라는 수법을 채택하여 학문과 이해의 불교를 밀고 나갔다. 그와 같은 승려의 전형으로서 존승원의 벤교弁曉(1139~1201)와 소쇼宗性(1202~1278)가 유명하다. 특히 소쇼는 화엄종을 본종으로 하여 많은 자료를 남겼고, 당시 가장 격식이 높았던

삼강三講의 논의 기록인『호쇼지 어팔강 문답기法勝寺御八講問答記』와
『최승강 문답기最勝講問答記』를 현재까지 전하고 있다.

또한 둔세의 승려였던 계단원의 교넨凝然도 정리된 많은 저작을
남긴 중요한 인물이다. 8종(헤이안 시대의 일본 불교 여덟 종파)에
정통하여 29세에 저술한『팔종강요八宗綱要』는 지금도 입문서로
쓰이는 저작이다. 그는 불교 역사에도 정통하여『삼국불법전통연
기三國佛法傳通緣起』를, 그 밖의 강요서로서『율종강요律宗綱要』,『화엄법
계의경華嚴法界義鏡』,『화엄오교장통로기華嚴五教章通路記』등을 남겼다.

법화종

아와국安房國(현재의 치바현)에서 태어나 히에이산에 오르고 32
세에 하산, 그 후 간토를 중심으로 활동한 승려가 니치렌日蓮(1222~
1282)이다. 현재는 일련종日蓮宗으로 호칭하지만, 메이지까지는 법
화종法華宗이라고 불렸다. 니치렌의 주장은 석존의 가르침 가운데
무엇이 진실인가 하는 의문에서 시작하여『법화경法華經』이 유일한
진실의 경전이라고 하는 이해에서 비롯되었다. 그 배경에는 당시
이미 널리 퍼져 있던 호넨의 정토교와 다이니치의 선종 및 밀교화한
천태에 대한 비판이 존재한다. 니치렌은 20년간의 수학에서 천태의
오시팔교의 교상판석教相判釋을 접하고, 특히『무량의경無量義經』의
'40년이 넘도록 아직 진실이 드러나지 않았다'라는 기술을 근거로
『묘법연화경妙法蓮華経(법화경)』이야말로 석존의 진실한 가르침이

라는 확신을 얻기에 이르렀다.

거듭되는 기근과 질병은 위정자의 잘못된 신앙에 기초한다고 생각하고, 『입정안국론立正安国論』을 저술하여 당시 위정자의 중심 인물이었던 호조 도키요리北條時頼에게 제출했다. 그리고 『묘법연화경』에서 설파된 가르침을 구체적으로 실천하는 수단으로서 '나무묘법연화경南無妙法蓮華經'이라는 제목의 일곱 글자를 외울 것을 제창했다. 이른바 창제唱題이며, 사람들에게 창제를 권하는 생애를 보냈다. 니치렌은 여러 차례 법난을 겪었으며, 그런 가운데 『법화경』에서 이야기하는 상행보살上行菩薩의 자각을 지니기에 이른다.

만년에 유형에 처해 사도시마에 유배되지만, 사도에서 저술한 『개목초開目抄』나 『여래멸후오오백세시관심본존초如來滅後五五百歲始觀心本尊抄』에서 사상적으로 성숙했다고 한다. 거기서 천태 교리의 핵심인 일념삼천一念三千은 묘법 그 자체이며, 그것은 석존으로부터 주어진 씨앗이라는 독특한 이해를 전개했다. 그 묘법 그 자체인 법화경의 제목을 외움으로써 석존의 인행과덕因行果德의 모든 것이 외우는 사람에게 '주어지게 되었다'라는 이론을 제창하고, 창제라는 구체적인 행위(일)를 통해 석가모니의 구제에 참여할 수 있다고 하는 측면이 확립되었다(모타이 교코茂田井教亨, 「『관심본존초』에서의 『마하지관』『觀心本尊抄』における『摩訶止觀』」, 세키구치 신다이關口眞大 편, 『지관 연구止觀の研究』, 岩波書店, 1975년 수록).

창제에는 지관의 측면과 구제의 측면의 쌍방이 담겼다고 할 수 있다. 창제라는 이행易行과 법화경이라는 묘법에 대한 믿음을 강조했다는 점에서는 정토종과의 근사성을, 독자적인 만다라를 창시했다는 점에서는 진언종과의 근사성을 느끼게 된다.

니치렌의 가르침은 여섯 명의 뛰어난 제자(닛쇼日昭, 니치로日朗, 닛코日興, 니치코日向, 닛쿄日頂, 니치지日持)에 의해 계승되었으며, 그중에서도 니치로의 제자가 되는 니치조日像에 의해 교토에서 포교가 시작되었다. 14세기 초에 귀족 출신인 진언종 승려였던 다이가쿠大覺(1297~1364)가 법화종 승려가 되기에 이르러 교토와 오카야마에 커다란 거점을 얻게 되었다. 얼마 되지 않아 무로마치에 이르면 교토의 마을 사람들의 신앙을 한 손에 맡을 정도로 융성하게 되는데, 그 배경에는 '법화경을 벼슬살이로 생각하라'라는 니치렌의 말이 독자적으로 해석되어 직업에 힘쓰기 위한 이론이 된 것에 있다고 생각된다.

신불 관계

가마쿠라 시대에는 신불神佛 관계에서도 새로운 관계가 등장했다. 고대에는 주로 불교 측이 천신지기天神地祇와의 관계를 모색하고, 신신神身 이탈과 불교 옹호, 신불 격리의 담론을 창조했지만, 가마쿠라 시대 이후에는 신기神祇와 관계된 사람들이 신불 관계에서 새로운 견해를 제출했다. 신은 본래 마음의 바깥에 존재하는 것이었지만 그것이 마음속으로 들어갔다고 한다. 불교가 점유하고

있던 구제와 자기 변혁의 역할을 신기 신앙도 짊어지게 된 것이 분명해졌다. 신 관념의 변화도 중요한 것이다(이토 사토시伊藤聰, 『신도의 형성과 중세 신화神道の形成と中世神話』, 吉川弘文館, 2016년).

4. 요약

이전 시대부터 계승된 불교계의 영위는 법회와 경전의 강설, 논의 등이 특징으로서 거론되지만, 그중에서도 논의와 담의라는 교리 논쟁이 주목된다. 이것은 다양한 경론에 등장하는 모순된 기술을 어떻게 정합적으로 이해할 것인가 하는 것에 초점이 맞추어졌다. 여기에서는 그리스도교의 신학 논쟁에 가까운 것을 찾아볼 수 있다. 그러나 이러한 형식의 수학에서 연찬이 진행되는데, 그중에서는 우리 인식의 존재 방식을 논의한 법상종 승려들의 영위가 주목된다.

한편, 구제라는 관점에서 독자적인 견해를 이야기한 정토 계통 및 법화 계통의 주장도 생겨났다. 아미타의 본원本願에 대한 믿음에 기초하여 칭명 염불의 행위로 구제를 가능하게 한 호넨이나 믿음을 강조한 신란의 신앙도, 일념삼천을 키워드로 석존의 묘법이 모두 갖추어진다는 신앙과 창제를 한 세트로 한 니치렌의 주장도, 그리고 선종이 실천한 것도 모두 다 지금을 그대로 받아들이고, 논의를 위한 논의의 움직임을 일으키지 않도록 마음을 바꾸어가는 힘이 있다. 논의를 위한 논의의 움직임이 일어나지 않도록 바꾸어가는 관점에서 보면 중세의 불교에도 공통의 토대가 존재했다고 자리매 김할 수 있다.

☞ 좀 더 자세히 알기 위한 참고 문헌

— 지산권학회智山勸学会 편,『논의의 연구論義の研究』, 靑史出版, 2000년. 일본
  불교에서 왕성하게 행해진 논의에 대해 각각의 종파별로 개설한 책.
— 나가무라 마코토永村眞,『중세 사원 사료론中世寺院史料論』, 吉川弘文館, 2000
  년. 중세 시대에 남겨진 자료, 그중에서도 성교聖教라고 불리는 것에
  대해 상세히 논의한 것. 고후쿠지와 도다이지에서 행해진 법회에 관한
  자료가 상세하다.
— 미노와 겐료蓑輪顕量,『일본 불교사日本仏教史』, 春秋社, 2015년. 일본 불교에
  대해 학문적인 연찬과 수행 실천의 두 가지 관점에서 상대적으로 논의한
  것으로 중세의 전체상을 쉽게 파악할 수 있다.
— 스에키 후미히코末木文美士,『일본 사상사日本思想史』, 岩波新書, 2020년. 일본
  불교를 불교에 한정하지 않고 사상사라는 관점에서 바라본 것으로
  사상의 역사라는 관점에서 보고 있어 유용하다.

제10장

중세 유대 철학

시다 마사히로志田雅宏

1. 이방의 사상

전사

유대교에 있어 철학이란 순전한 타자였다. 율리우스 구트만Julius Guttmann(1880~1950)은 유대 철학을 '이방 사상의 점차적 흡수의 역사'(『유대 철학ユダヤ哲学』, 고다 마사토合田正人 옮김, みすず書房, 3쪽)라고 표현한다. 그리고 철학을 타자로서 자리매김하는 것은 대단히 의식적으로 이루어져 왔다. 중세 이전의 유대교 지도자(랍비)들은 철학을 '그리스의 지혜'라고 부르고, 세계 창조를 부정하는 것이라는 이유로 멀리해왔다.

유대교는 이전에 한 번, 이 '그리스의 지혜'와 만났다. 기원전

3세기에서 1세기에 걸쳐 헤브라이어 성서의 그리스어 번역(70인 번역)과 알렉산드리아의 필론(기원전 25~50년경)의 철학에서 헬레니즘 문화가 수용되었다. 그러나 그 후 2세기에서 6세기에 미슈나와 탈무드를 기반으로 한 랍비 유대교의 형성기를 맞이하자 헬레니즘 시대의 사상 문화는 완전히 사라져버렸다. 유대교에서는 토라(신의 가르침. 성서와 탈무드)를 배우는 것이 중심이 되었고, 그 학습 전통 속에서 철학은 언제나 타자로 의식되었다. 예를 들어 탈무드의 어떤 이야기에서는 토라를 다 배운 제자가 '그리스의 지혜'를 배워서 좋은지 스승에게 묻는다. 그러자 스승은 제자의 오만함을 꿰뚫어 보고 '낮도 밤도 아닌 시간을 찾아야 한다. 그렇게 하면 너는 그리스의 지혜를 배울 수 있다'라고 대답한다(바빌로니아 탈무드, 메나호트 편 99b).

확실히 탈무드에는 그리스 철학과는 다른 대단히 독자적인 '철학'이 있다고도 말해진다. 예를 들어 들판에서 사람이 살해되었을 때, 시체에서 주변 마을까지의 거리를 측정하고, 가장 가까운 마을에서 속죄의 의례를 행하라는 성서의 규정이 있다(「신명기」, 21:1~9). 이에 대해 랍비들은 시신의 '배꼽'에서부터 재야 한다, 아니 '코'로부터 재야 한다고 논의를 주고받지만, 그들의 고찰은 신이 인간에게 어떤 방식으로 생명을 주었는가 — 생명의 시작은 태아가 형성된 순간인가 아니면 얼굴이 만들어지고 신이 코에 생명의 숨을 불어넣은 순간인가 — 하는 주제로 번져간다(팔레스티나 탈무드, 소타 편 9:3). 탈무드에서는 구체적인 할라카(유대법)

의 논의로부터 인간과 생명, 세계에 대한 고찰을 자아낸다는 사고 방식이 엿보인다. 다만 그것이 헬레니즘 문화의 유산을 찾아가는 방식으로 이루어지는 일은 결코 없었다.

그러나 9세기에 커다란 변화가 생겼다. 유대교 세계가 고대 그리스를 원류로 하는 철학을 적극적으로 수용하기 시작한 것이다. 거기에는 이슬람과 그리스도교라는 광대한 일신교 세계 속에서 종교적 소수자로서 살아가는 유대인들의 현실이 깊이 관련되어 있었다. 유대교의 삶을 형성하는 토라의 새로운 의미를 비추어내는 빛이 철학이라는 지혜에 깃들어 있다. 그렇게 믿고서 타자의 문화와 새롭게 마주했을 때, 중세 유대 철학이 고고의 소리를 울렸다.

그로부터 300년 후, 중세 유대교의 가장 위대한 철학자 마이모니데스(모세 벤 마이몬, 1138~1204)는 유대 민족과 신과의 관계를 왕궁에 비유하고, 전통적인 토라를 오로지 신앙하고 실천하는 것은 궁전 바깥을 거니는 것에 지나지 않는다고 비판했다(『헤매는 자를 위한 안내서』, 3:51). 궁 안으로 들어가 신에게 다가가기 위해서는 신앙과 실천의 '의미'를 탐구해야만 한다. 왜 신을 믿는 것인가, 왜 신의 명령인 종교적 계율을 지키는 것인가? 유대교를 살아간다는 것의 의미를 찾는 마이모니데스에게 일신교 세계에서 부흥한 그리스 철학은 신뢰할 수 있는 길잡이가 되어 있었다.

이슬람 세계에서 유대 철학의 개막 —— 사아디아

초기 중세 유대 철학은 아라비아어나 유대 아라비아어로 이루어
졌다. 그 효시가 되는 것이 사아디아 가온Saadia Gaon(882~942)이다.
'가온'이란 당시 바빌로니아에 있던 유대교 학원장이 지니는 칭호
이며, 사아디아는 할라카의 최고 결정 기관을 지도하는 법학자로
서, 성서의 아라비아어 번역 및 주해를 저술한 주석가로서, 또한
탈무드의 권위를 인정하지 않는 유대교 칼라이파와의 논쟁자로서
다방면에 큰 영향을 미쳤다.

그러한 사아디아에게는 '말하는 자들의 장'이라는 또 하나의
칭호가 있다. 이것은 사아디아가 법학, 성서 해석, 철학, 기도 등
모든 분야의 '말'의 개척자라는 것을 기리는 동시에, 주저 『신앙과
의견의 서』의 특징을 나타낸 것이기도 하다. 왜냐하면 이 책에서는
이슬람의 변증법적 신학인 칼람('이야기, 말')이 전면적으로 받아
들여졌기 때문이다. 그 방법이란 어떤 주제에 대한 모든 논의를
다루고 철저히 분석하여 올바른 귀결을 도출하는 것이었다.

한 가지 예로서 영혼론을 소개하고자 한다(『신앙과 의견의
서』, 제6장). 사아디아는 우선 영혼이 신으로부터 유출되었다는
유출론과 영혼은 지성과 생명을 각각 관장하는 두 부분으로 이루어
진다고 하는, 모두 11개의 가설을 비판적으로 검토하고, 마지막
가설이 올바르다고 주장한다. 그것은 영혼의 형성이 신체의 형성과
함께 일어난다는 것이며, '하늘을 펼치시고, 땅의 기초를 놓으시며,

사람의 영을 그 안에 만들어주신 주'(「스가랴서」, 12:1)라는 성구가 그것을 보여준다. 요컨대 '그 안에'를 '(신체에서의) 마음 안에'로 해석하는 것이다. 그리고 이번에는 이 참된 설이 이성과 성서라는 두 가지 증거에 의해 근거 지어진다. 이처럼 『신앙과 의견의 서』에서는 성서 해석과 변증법으로써 논의가 짜이고 있다.

사아디아는 이성을 계시와 함께 흔들림 없는 기반으로 간주한다. 성서의 창조 이야기에서 신은 모든 피조물을 '보고, 좋다고 하셨다.' 이러한 신의 선함은 계시에서도 마찬가지이며, 신은 인간을 구원으로 이끌기 위해 이성을 주었다. 이러한 선물로서의 이성이라는 신념은 신의 계시인 성서의 해석 방법을 결정짓는 것이었다. 사아디아는 성서를 글자 그대로 읽고, 그것으로는 의미가 취해지지 않는 부분에 대해서는 이성에 따라 우의적으로 해석해야 한다고 선언했다. 이 선언은 유대 철학이 이성에 비추어 성서를 읽는데 기초한 사유가 되도록 결정지었다.

유대교 신플라톤주의 ─ 이븐 가비롤

그런데 신플라톤주의적 유출론은 사아디아에 의해 거부되었지만, 바빌로니아에서 멀리 떨어진 스페인에서는 오히려 적극적으로 받아들여졌다. 슐로모 이븐 가비롤Šlomoh ibn Gabirol(1021~1058년경)이 아라비아어로 번역된 신플라톤주의 문헌에 영향을 받아 『생명의 샘』(아라비아어 원전은 흩어져 없어졌으며, 라틴어 번역판

및 헤브라이어 초역판이 현존)을 저술한 것이다. 사아디아와 이븐 가비롤은 방법론적으로도 대조적이며, 전자가 체계적인 변증법을 도입한 데 반해, 후자는 시를 통해 그 사상을 표현했다.

이븐 가비롤의 철학은 플로티노스 등의 신플라톤주의 사상을 그대로 수용한 것이 아니라, 아리스토텔레스 철학의 아라비아어 문헌과 헤브라이어로 된 작은 책 『세페르 예지라』(신이 22개의 헤브라이 문자와 '세피로트'라는 열 개의 요소로 이루어진 체계에 의해 세계를 창조했다고 하는 창조론이 기록되었다) 등을 받아들인 것이다. 그런 까닭에 이븐 가비롤의 '신플라톤주의'에는 일신교 세계에 어울리는 변화가 보인다. 그 가장 두드러진 변화가 신을 파악하는 방식인데, 플로티노스의 신('일자')이 존재에 선행하는 자인 데 반해, 이븐 가비롤의 신은 존재 자체('제1본질')이다. 그리고 '의지는 만물을 창조하고 움직이는 신의 힘이다'(『생명의 샘』, 1:2)라고 하고 있듯이, 이븐 가비롤은 일자로부터 유출되어 만물이 존재하는 과정에 '의지'라는 새로운 단계를 설정함으로써 '유출'을 '창조'로서 고쳐 파악한다. 창조란 존재 자체인 신이 자기의 의지로 유출을 한다는 것을 의미하는 것이다.

이러한 최초 단계의 유출에 의해 생기는 것이 '질료'와 '형상'이다. 이것은 아리스토텔레스 존재론의 기본 개념이지만, 이븐 가비롤은 양자를 각각 보편적 질료와 보편적 형상으로서 해석한다. 그리고 이 질료와 형상으로부터 지성, 영혼, 자연이라는 정신적 실체가 차례로 생겨난다. 물질세계는 신으로부터 직접 유출되는 것이 아니라 이러한 일련의 과정을 매개로 하여 그 후에 비로소 산출된다.

더 나아가 이븐 가비롤은 창조론의 관점에서 질료와 형상을 독자적인 방식으로 해석한다. 그는 질료를 종종 '기반'이라는 말로 표현하는데, 이는 질료가 존재 자체인 신으로부터 의지를 매개로 하지 않고 유출되어 만물의 기반이 된다는 것을 의미한다. 이 기반으로서의 질료는 지성과 천체로부터 4원소에 의한 지상의 물질까지 세계의 모든 개별자의 존재 근저에 놓여 있는 것이다. 다른 한편 형상은 신으로부터 그 의지를 매개로 하여 유출된다. 신은 바로 자기의 의지로 만물의 형태를 준 것이다. 천지의 모든 것은 기반으로서의 질료를 공유하고, 그것들이 고유한 형태를 가지고서 존재하는 것은 신의 의지에 의한 창조 행위의 증명이 된다. 단적으로 말하자면, 이븐 가비롤의 창조론은 성서적인 세계 창조 이야기를 질료와 형상 및 유출과 같은 개념들을 사용하여, 그리고 거기에 의지를 더하여 해석하는 것이었다. 그것은 바로 유대교 신플라톤주의라고 부를 수 있는 것이었다.

철학에 대한 비판 ── 예후다 할레비

중세 유대 철학은 그리스·아라비아 사상에 깊이 영향을 받는 방식으로 전개되었지만, 같은 아라비아어를 사용하면서 이러한 고대 그리스 사상과 대치하는 '철학에 대한 비판'으로서의 철학을 창조한 사상가가 예후다 할레비Jehudah Halevy(1075년경~1141)이다. 언젠가 할레비는 세 개의 일신교 가운데 유대교를 선택하여 개종했다고 하는 카스피해 연안의 하자르 민족의 왕 이야기를 듣는다. 그리고 이 개종 이야기에 종교와 철학의 논쟁이라는 새로운 요소를 더하여 『쿠자리』라는 대화편으로 승화시켰다. 『쿠자리』에서는 진리를 추구하는 하자르왕에 대해 그리스도교도·이슬람교도·그리스 철학 교사의 설득이 모두 좌절로 끝난 후, 유대교의 랍비만이 그를 만족시키는 데 성공한다. 그 랍비의 입에서 말해진 것은 할레비 자신의 농밀한 유대 사상이다.

할레비는 세상의 '영원성'과 '창조'라는 주제를 집어 든다. 그리고 신을 '사물이 운동하든 정지하든 그 시작이자 제1원인으로서 규정한'(『쿠자리』, 1:73) 아리스토텔레스를 비판한다. 할레비는 앞에서 이야기한 유대교 신플라톤주의의 영향을 받으면서도 신의 의지를 한층 더 전면에 내세운다. 신은 의지로써 만물을 창조했을 뿐만 아니라 수많은 기적과 모세에 대한 시나이산의 계시를 통해 피조물인 인간에 대한 강한 관심을 보였다. 의지에 대한 할레비의 눈길은 아리스토텔레스가 그리는 철학자의 신과 아브라함의 신으로서 모세에게 나타난 신을 명확히 구별한 것이다.

그리고 『쿠자리』의 독창성을 가장 분명히 보여주는 것이 '신적인 것'이라는 힘이다. '신적인 것'이란 창조된 계층적인 세계를 환상 중에 보는 특정한 개인이 소유하는 힘이다. 이 힘을 지니는 자는 만물의 존재로부터 신에 대해 사유하는 철학적 사고로는 도달할 수 없는 신에 대한 체험을 얻는다. 그것이 예언이다. '우리는 예언에 의해 신적인 것과 밀착합니다'(『쿠자리』, 1:109)라고 랍비는 왕에게 대답한다. 이 '우리'란 지상의 모든 백성이 아니라 유대 민족을 말한다. 할레비는 '신적인 것'이 유대 민족에 고유한 힘이라고 분명히 말하고, 그로부터 모세에 대한 계시, 유대교의 계율, 성지(팔레스티나/이스라엘의 땅)의 종교적인 고유성을 강하게 주장한다.

이처럼 할레비는 아리스토텔레스적인 신 관념 및 세계관과 유대교의 전통적인 가치들을 명확히 대립시키지만, 『쿠자리』의 서문에는 '지성 있는 자들은 이해할 것이다'라는 의미심장한 한마디가 끼워 넣어져 있다. 이것은 철학을 배운 지적 독자들만이 이해할 수 있는 비의를 이 작품에 아로새겼다고 하는 그의 해석적 틀을 시사한다. 신은 자신이 계시한 토라가 인간에 의해 만들어진 법률이 아니라는 것을 보여주기 위해 시나이산에서 우렛소리를 울리며 모세에게 석판을 주었다. 이 일련의 사건은 신이 이스라엘의 백성 전체에게 말씀하신 것처럼 보인다. 하지만 계시에서 예언자 모세가 체험한 것은 '신적인 것'과의 일체화이며, 그것은 백성에게는 이해할 수 없는 일이었다. 이 체험은 모든 물질성을 초월한 순수하게 영적인 신비적 합일을 엿보게 하지만, 할레비는 그것을 비의에 머무르게 하고 거의 말하지 않는다. 아마도 할레비는 철학의 수용에서 커다란 가능성을 찾고 있었을 것이다. 그리고 철학과 대립하는 방식으로 유대교의 가치들을 논의하는 '현의顯義'와는 별개로, 계시를 경험하는 것을 신과의 일체화로 이해하는 '비의'를 내비침으로써 그 가능성을 시사했을 것이다.

2. 마이모니데스 — 중세 유대 철학의 정점

출발점으로서의 아리스토텔레스

팔레스티나 북부 갈릴리 호숫가의 티베리아에 '모세에서 모세까지 모세 같은 자는 나타나지 않았다'라는 조사가 새겨진 묘비가 있다. 이것은 예언자 모세에 비견되는 불세출의 유대인 지도자 모세, 즉 모세 벤 마이몬, 곧 마이모니데스의 무덤이다. 그는 방대한 탈무드의 법 전승을 정교하고 치밀하게 체계화한 『미슈네 토라』를 저술하고 유대 법학에 혁명을 일으킨 것으로도 알려지지만, 그의 철학적 공적은 유대교와 그리스 철학의 통합을 완성했다는 것이다. 마이모니데스에게 있어 '그리스'는 파라비, 아비센나(이븐 시나), 아베로에스(이븐 루시드) 등 이슬람 철학자들이 중세에 되살린 아리스토텔레스의 학문적인 앎이었다. 이 장의 서두에서 보았듯이 마이모니데스는 유대교의 신앙과 실천의 의미를 탐구했다. 그 탐구는 철학적 사유에 의해 인도되어야만 하며, 계시를 이해함으로써 인간의 지성을 완성하는 것이 행복이라고 마이모니데스는 믿었다. 그에게 아리스토텔레스는 종교와 철학의 통합이라는 장대한 시도의 출발점이었다.

모두 3부로 구성되는 철학서 『헤매는 자를 위한 안내서』는 그 이름 그대로 교육적 성격을 갖추고 있다. 제1부에서는 신에 대한 성서 표현의 해석이 이루어지며, '신의 손'이나 '신의 노여움'과 같은 표현을 문자 그대로 해석하는 것은 의인신관(신을 인간과 같은 것으로 파악하는 것)이라는 신에 대한 잘못된 인식을 초래한다고 하여 비판된다. 또한 「출애굽기」 33장에서 모세가 신에 대해 호의를 알 수 있도록 '당신의 길을 보여주십시오'(13절), 그다음에 '당신의 영광을 보여주십시오'(18절)라고 아뢰었을 때, 신이 첫 번째에 대해서는 '호의'를 보여주지만(17절), 두 번째에 대해서는 '너는 내 얼굴을 볼 수 없다'(20절)라고 대답한 것을 마이모니데스는 독창적으로 해석한다(『헤매는 자를 위한 안내서』, 1:54). 즉, 첫 번째의 주고받음은 신의 '속성'을, 두 번째의 주고받음은 신의 '본질' ─ 존재 그 자체 ─ 을 둘러싼 것이라고 해석한 것이다.

나아가 마이모니데스는 신의 속성을 두 가지로 분류한다. 하나는 이 세계에서 신의 활동으로서의 속성이다. 신에 대한 신체(손 등)와 감정(노여움 등)의 표현은 신이 이 세계에 직접 작용할 때의 엄격함이나 자비를 의미하는데, 이것들이 속성에 해당한다. 또 하나는 부정 명제에 의해서만 표현되는 속성이다. 이것은 '침묵하고 당신에게 향하여 찬미를 바칩니다'(「시편」, 65:2)라고 하고 있듯이, 어떠한 긍정적 서술을 가지고서도 신을 표현할 수 없는 것이다. '신은 X이다'가 아니라 '신은 "X가 아닌" 것이 아니다'라는 이중 부정에 의해서만 그 속성을 이해할 수 있다.

그리고 앞의 신의 대답은 인간 지성의 한계를 가르쳐준다. 요컨대 지성은 신의 속성을 파악하는 데 머무르며, 신의 본질에는 결코 도달할 수 없는 것이다. 다만 마이모니데스의 목적은 신의 속성과 본질에 대한 이론을 성서 해석에 근거하여 전개하는 것만이 아니다. 오히려 독자들에게 자기 자신의 지성의 한계를 앎으로써 겸손을 배우라고 요구하는 것이다.

다음으로 제2부에서는 우선 신의 존재 증명이 주제가 된다. 마이모니데스에 의한 신의 존재 증명은 아리스토텔레스(『자연학』 제8권, 『형이상학』 제12권 등)와 아비센나의 사상을 통합한 것이다. 이 세계 전체는 운동의 연쇄이며 모든 존재물은 자기를 움직이는 직접적인 원인을 필요로 한다. 그리하여 하계의 모든 것의 생성 소멸을 운동의 체계로서 더듬어가면 천체의 항상적인 운동에 이르지만, 이 천체 역시 자기를 움직이는 존재를 필요로 한다. 그리고 천체를 움직이는 원인만큼은 자기를 움직이는 다른 자를 필요로 하지 않는다. 그것이 신이다. 마이모니데스는 이슬람 철학의 아리스토텔레스 해석에 따라 이 '제일원인'으로서의 신 관념을 신의 유일성과 비신체성의 근거로서 이해한다. 부동의 동자로서의 신은 신체를 지니지 않으며, 시간이라는 범주를 초월한 유일한 존재이다.

다른 한편, 그의 신의 존재론은 아비센나의 사상에 깊은 영향을 받고 있다. 그것은 신을 존재(즉 운동)의 궁극적 원인으로서뿐만 아니라 필연적인 존재 그 자체로서 파악하는 것이다. 신 이외의 모든 것의 존재는 직접적인 동인에 의해 우유적으로 규정된 것인데 반해, 제일원인인 신만큼은 필연적으로 존재한다. 이 존재 그 자체로서의 신이 앞에서 언급한 인간의 지성을 넘어선 신의 본질이다.

고난 속에서 사람은 어떻게 살아가는가?

다만 이러한 아리스토텔레스의 학문적 앎은 출발점이며, 『헤매는 자를 위한 안내서』의 후반부에서는 세계 창조, 예언 그리고 섭리라는 유대교의 주제가 논의되어간다. 아리스토텔레스는 세계의 영원성을 주장하지만, 마이모니데스에 따르면, 그것은 토라에 의거하고 있지 않다. 제1부에서는 성서의 우의적 해석을 통해 신의 비신체성이 증명되었지만, 세계 창조의 기술에 대해서는 우화적 해석을 적용해서는 안 된다. 왜냐하면 세계의 영원성은 토라의 기반을 파괴해버리기 때문이다. 세계의 영원성과 창조를 둘러싼 논의는 다소 모호하지만, 마이모니데스가 여기서 토라에 의거하여 창조론을 선택함으로써 『헤매는 자를 위한 안내서』는 유대교의 철학을 향해 결정적으로 방향을 선회한다. 토라, 즉 신의 계시란 신이 자신의 의지로 자유롭게 행동하는 존재라는 것을 보여준다. 신의 의지로서의 계시라는 이해에서 마이모니데스는 필연적 존재자로서의 신이 세계를 자유롭게 창조했다는 것을 토라가 가르친다고 선언하는 것이다.

그러고 나서 마이모니데스는 예언을 논의한다. 예언이란 '영향이 신으로부터 능동 지성을 매개로 하여 처음으로 발화의 힘에 흘러들고, 그 후에 상상의 힘에 흘러드는' 것이다(『헤매는 자를 위한 안내서』, 2:36). 이 '능동 지성'은 아리스토텔레스의 영혼론에서 유래하며, 신과 인간의 지성을 연결하는 매개로서 이슬람 철학의 핵심을 이루는 개념이다. 그리고 마이모니데스는 예언을 능동 지성의 활동에 의한 지성과 상상력의 완성으로 간주하는 철학적 이해를 인정한다. 이 장 서두의 왕궁 비유 이야기에서 예언자는 신에게 가장 가까운 곳에 있는 자들로 생각된다. 그것은 유대교의 계율을 실천하고 그 의미를 탐구하며, 나아가서는 수학과 논리학으로부터 자연학과 형이상학에 이르는 여러 학문을 탐구하고, 신에 관한 사유에 자기 지성의 모든 것을 기울이는 사람이다. 이것이야 말로 인간 지성의 완성이며, 그 단계에서 영혼은 육체의 죽음을 초월하여 영원한 삶을 손에 넣는다.

이러한 지적 완성자로서의 예언자 상은 지식이야말로 인간의 완성과 행복을 가져다준다는 아리스토텔레스적인 인간관을 바탕으로 예언이란 인간이 스스로 지성을 높이는 능동적인 행위라고 하는 혁신적인 예언 이해를 반영하고 있다. 거기서는 철학자와 예언자가 거의 동일시된다. 그러나 양자를 떼어 놓는 경계로서 마이모니데스는 '선택'이라는 요소를 추가한다. 예언자는 지성과 상상력의 완성에 의해 나타나는 것이 아니라 최종적으로는 신의 의지에 의해 선택되어야만 한다. 여기서도 마이모니데스는 신의 의지에 결정적인 역할을 부여한다.

그러나 신에게로 향하고자 하는 인간의 지적 탐구는 항상 좌절의 위험을 내포한다. 그것은 사람이 고난에 직면했을 때 심각한 것이 된다. 왜냐하면 신의 섭리를 믿는 자의 몸에 예기치 않은 재앙이 덮칠 때, 그 사람은 신의 의지에 대해 의심을 하게 되기 때문이다. 마이모니데스는 의인 욥의 고난을 묘사한 성서의 「욥기」에서 이러한 섭리와 지성이라는 주제를 발견한다. 욥은 덕이 높고 정직한 자이지만, 지혜로운 자는 아니었다고 마이모니데스는 해석한다. 신에 대한 의심은 그의 지식의 결여로 인한 것이며, 그것이 욥의 마음을 괴롭혔다. 그러나 욥은 친구들이나 엘리후와의 대화를 거쳐 진리에 도달한다. 그것은 신의 섭리의 의도를 인간은 알 수 없다는 진리였다.

하지만 「욥기」는 섭리와 인간 지성의 단절을 가르치는 이야기가 아니다. 오히려 이 결정적인 단절의 경험이 '신에 대한 사랑을 증가시킬 것이다(『헤매는 자를 위한 안내서』, 3:23)라고 마이모니데스는 확신한다. 이유를 알 수 없는 고난에 직면했을 때, 그 신의 의도를 알 수 없는 것이 신을 사랑하는 것으로 이어진다는 주장은 놀랍지 않을 수 없는 역전이다. 그것은 섭리가 종에만 미치고 개체에는 미치지 않는다고 하는 아리스토텔레스의 입장을 넘어선다는 것을 의미한다. 마이모니데스는 욥 이야기를 우화로 이해하지만, 그것은 욥이 경험한 고난이 누구에게라도 — 가장

사랑하는 동생 다비드를 해난으로 잃은 마이모니데스 자신에게도
―내려 덮치기 때문이다. 고난에 직면하고 신의 정의를 의심하는
모든 사람을 위해 「욥기」라는 이야기의 의의가 존재한다. 인간의
지적 완성은 죽음을 초월한 영혼의 영생이라는 행복 때문만이
아니다. 그 완성이란 지성의 한계를 아는 것이며, 고난에 직면해서
도 그것을 받아들이고 신을 사랑하며 살아가는 것으로 이어진다고
유대교의 거룩한 이야기가 가르치는 것이다. 아리스토텔레스에서
출발한 마이모니데스의 철학적 탐구는 고난 속에서 사람은 어떻게
살 것인가라는 물음에 답하려고 하는 것이었다고 할 수 있을
것이다.

3. 유대교 문화 속의 철학으로

아라비아어로부터 헤브라이어로의 번역과 그 후의 논쟁

이러한 중세 유대 철학의 저작은 모두 다 아라비아어로 쓰였지
만, 13세기로부터 14세기 초에 걸쳐 이 문헌들이 헤브라이어로
번역되어 서방 그리스도교 세계의 유대인들에게도 소개되었다.
이 번역 활동을 담당한 것이 남프랑스의 티본가인데, 이 유대인
일족은 예후다 할레비와 마이모니데스, 나아가서는 아베로에스
등의 저작을 헤브라이어로 번역하고, 철학을 배우는 의욕에 가득

찬 젊은이들에게 부응하고자 했다.

그러나 서방 그리스도교 세계의 유대교 문화는 이슬람 세계와는 크게 달랐다. 북프랑스에는 라시^{Rashi}(1040~1105)를 중심으로 한 정교하고 치밀한 탈무드 학습 전통이 있었다. 또한 마이모니데스의 법학을 비판하는 남프랑스 사상가들 가운데로부터 카발라(유대교 신비주의)가 출현하고, 얼마 되지 않아 그리스도교 권역의 스페인에서 커다란 영향력을 지니게 된다. 나아가 남프랑스에서의 그리스도교 이단에 대한 단속이 강해지는 가운데, 종종 철학적 전통이 이단시되고 주위의 유대인 사회에 동요를 일으켰다. 이러한 문화적 전통과 사회적 상황 속에서 일부 유대인들은 이슬람 세계로부터의 철학 유입에 대해 강한 우려를 표명했으며, 머지않아 대규모 논쟁이 생겨나게 되었다.

1230년대의 남프랑스에서 일어난 마이모니데스 논쟁에서는 반대파가 그의 철학서를 배우는 사람들을 파문할 것이라고 선고했다. 쟁점은 『헤매는 자를 위한 안내서』의 내용이 아니라 유대교의 교육과정에 철학을 끼워 넣는 것의 옳고 그름이었다. 철학을 배움으로써 성서나 탈무드의 학습이 경시되는 것이 아닌가 하는 우려의 목소리가 커진 것이다. 이 논쟁에서 철학은 유대교 전통에 대한 타자라는 것이 새삼스럽게 의식되었다. 그에 더하여 반대파는 북프랑스의, 찬성파는 그리스도교 권역 스페인의 유대인 지도자들의 권위에 의거하여 서로를 파문하는 상황이 혼란을 불러일으켰다. 중세 세계에서는 각지의 유대인 공동체가 각각 법적 자치를 유지하고 독자적인 문화를 형성하고 있었다. 다른 지역의 권위를 빌려서 파문을 선고하는 행위는 그러한 유대교 세계 공동체의 자치를 뒤흔드는 것이기도 했다.

14세기가 되면, 스페인의 유대인 사회에서 25세 이하의 사람들이 철학을 배우는 것을 금지하는 법령이 발포되었다. 여기서 상정된 철학이란 아베로에스에 의한 아리스토텔레스 철학이었다. 이 법령 자체는 그다지 효력을 발휘하지 못했지만, 이후 스페인에서는 그리스·아라비아 철학에 대한 회의와 반발이 생겼다.

그리스도교 세계의 유대 철학 ─ 크레스카스

이러한 반발을 내포하는 형태로 중세 유대 철학은 최종 단계를 맞이한다. 14세기 이후 그 무대는 스페인으로 옮겨가며, 그리스도교의 스콜라학에 영향을 받은 헤브라이어 철학이 전개되어간다. 그 가운데 한 사람이 하스다이 크레스카스Hasdai ben Abraham Crescas (1340년경~1410년경)이다. 크레스카스는 1391년의 스페인 각지에서의 유대인 박해로 아들을 잃고, 그리스도교도(특히 '콘베르소'라고 불리는 유대인 개종자)와의 격렬한 종교 논쟁에 종사했다. 그러나 이 그리스도교 세계와의 대결은 그의 철학 사상에 그리스도교로부터의 영향을 가져오는 것이기도 했다.

주저 『주님의 빛』에서 크레스카스는 마이모니데스의 사상적 기반인 아리스토텔레스주의를 비판하는데, 특히 그의 자연학에 대한 비판이 중요하다. 아리스토텔레스의 세계관은 존재를 운동으로 파악하고, 인과 연쇄의 종점에서 제일원인으로서의 신의 존재를 인정하는 것이었다. 그리고 그 운동론은 진공의 존재를 부정하는 것이었는데, 크레스카스는 그것을 비판했다. 진공의 가능성을 인정하는 그의 비판은 공간에 대한 새로운 이해를 가져왔다. 아리스토텔레스는 공간을 물체가 차지하는 장소, 즉 어떤 물체와 그것을 에워싼 물체의 경계로서 정의했다(따라서 진공은 있을 수 없다). 그에 반해 물체가 존재하지 않는 공간(진공)을 인정하는 크레스카스는 공간이 만물에 앞서 존재하며, 무한히 확대되어간다고 주장한다. 그것은 세계를 진공 공간의 무한한 확산으로 포착하려고 하는 새로운 세계관이었다.

더 나아가 크레스카스는 그 무한의 관념에 기초하여 세계 창조를 설명한다. 그는 무한을 수와 시간에도 적용한다. 공간에 비물체적인 진공이 있듯이 수를 무수히 늘린 것이 무한한 것은 아니다. 마찬가지로 시간에서의 무한 역시 시간의 연장을 초월한 차원을 포함한다. 요컨대 만물의 존재와 그 세계에 선행하는 방식으로 그것들을 초월한 무한의 공간과 시간이 실재한다. 신에 의한 창조란 이 실재하는 무한 속에서 세계를 산출하는 것이다.

이러한 무한한 실재는 크레스카스의 신 관념을 결정적으로 특징지었다(『주님의 빛』, 2·1·6). 크레스카스는 신을 운동의 근원으로서가 아니라 사랑의 근원으로서 파악한다. 그리고 사유에 의한 앎의 탐구가 아니라 토라와 전승에 따라 신의 사랑을 구하는 것이 인간의 목적이라고 주장한다. 신에 의한 창조가 무한한 실재에서 행해졌다는 것은 이 세계에 신의 사랑이 가득 차 있다는 것을 의미한다. 신이 만물을 창조한 것은 선함 그 자체인 신이 자기의 무한한 사랑을 그것들에 쏟아부으셨다는 것 이외에 다른 것이 아니다. 그리고 신의 근원적인 사랑을 무한한 실재로서 파악함으로써 크레스카스는 창조를 어떤 시간에 행해진 일회성 행위가 아니라 이 세계의 실재를 유지하는 계속적인 행위로서 이해했다. 성서에서 신은 이스라엘 백성에게 주를 사랑하고 주의 계명과 율법을 지킬 것을 요구했다(「신명기」, 10:12~13). 요컨대 사람이 자기의 의지로 신의 명령(계율)을 실천하는 것이 신을 사랑하는 것이다.

크레스카스는 아리스토텔레스와 마이모니데스와 같은 지성의 완성을 지향하는 그리스·아라비아 유래의 유대 철학에 대해 대단히 회의적이었다. 그 한 가지 이유로서 지성보다 의지를 강조하는 당시 스콜라학의 조류, 그중에서도 둔스 스코투스의 사상에 영향을 받았을 가능성이 거론된다. 그에 더하여 헤브라이어로의 번역으로 이슬람 세계의 유대 철학에 감화받은 사람들이 유대교의 계율을 경시하고 그 신앙에서 벗어나 그리스도교로 개종한다는, 당시 스페인 유대 사회의 심각한 문제를 목격하고 있었던 것도 그 회의를 심화시켰다. 이러한 그리스도교 세계와의 복잡한 관계가 크레스카스를 유대 철학의 새로운 지평으로 이끌었다.

유대 사상 문화에서 철학의 영향 ─ 윤리, 카발라, 그리스도교 비판

크레스카스 이후 유대교 세계에서 커다란 영향력을 보인 철학자
는 거의 없었다. 나아가 유대교라는 계시 종교와 대립하고 성서를
종교적 권위로부터 해방할 것을 『신학-정치론』에서 선언한 바루
흐 스피노자Baruch Spinoza(1632~1677)와 더불어 중세 유대 철학은
종언을 맞았다고도 할 수 있다.

그러나 중세 사상가들의 호기심과 노력으로 유대교 세계에
깊이 뿌리를 내린 철학은 탈무드 시대의 헬레니즘 사상처럼 철저히
배제되지는 않았다. 오히려 유대교의 다양한 사상 문화에서 계승되
어갔다.

예를 들어 바흐야 이븐 파쿠다Bahya ben Joseph ibn Pakuda(1050년
경~1120)의 『마음의 의무』는 외견상의 행동과 대치되는 내면의
영성이 지닌 중요성을 주장한 저작으로 현대까지 이어지는 유대교
윤리 사상의 선구가 되었다. 그리고 이븐 파쿠다에게 있어 사람을
경건하게 만들고 도덕적 삶을 실현하게 하는 것은 다름 아닌
이성이었다. 그가 이야기하는 윤리란 현세의 감정적인 기쁨에
사로잡히는 것이 아니라 신을 이성에 의해 파악하고 그에 의해
신을 사랑하는 것이었다. 이러한 이성에 의한 신에 대한 사랑('근면
함')은 자신의 이웃을 사랑하고 존경하는 것이기도 했다. 이와
같은 윤리를 획득하는 것이 영혼의 영원한 기쁨을 구하는 것으로
이어진다.

또한 철학은 여명기의 카발라에서 독특한 방식으로 수용되었다. 양자는 대립적으로 받아들여지는 경향이 있지만, 예를 들어 나흐마니데스^{Nahmanides}(1194~1270)는 모든 유대교의 계율에는 이유가 있다는 마이모니데스의 고찰을 이어받아 그것들의 이유에 숨겨진 비의를 탐구했다. 나흐마니데스의 가르침에서 계율의 비의란 인간의 종교적 행위가 신에게 영향을 준다는 것이다. 카발라적 세계관에서는 유대인의 죄행과 이산(디아스포라)이라는 상황이 이 세상에 현현한 신의 세계(앞에서 언급한 세피로트의 체계로 상징된다)의 조화를 상실하게 만든다. 이러한 신의 세계를 복원하는 역할이 유대교의 일상적인 실천에 숨겨져 있는 것이다.

그리고 아브라함 아불라피아^{Abraham Abulafia}(1240~1291년경)도 마찬가지로 마이모니데스의 철학을 정성 들여 읽고 그로부터 독자적인 카발라를 전개했다. 그것은 지성의 완성에 의한 신과의 합일을 목표로 하는 실천이었다. 아불라피아는 마이모니데스의 예언론에 기반하는 가운데 지성의 완성자로서의 예언자의 수준에 도달하기 위해서는 그리스적인 앎이 아니라 헤브라이 문자에 내포된 창조적인 힘을 끌어내기 위한 일련의 신의 이름에 대한 노래와 명상이 필요하다고 생각했다. 이러한 스페인의 카발라 사상에는 마이모니데스 철학에서의 발상과 이론이 받아들여져 있다.

더 나아가 그리스도교 교의를 논박하는 유대인의 저작에서도 철학의 영향을 볼 수 있다. 야콥 벤 르우벤^{Jacob Ben Reuben}(12세기 후반)의 『주님의 싸움』이나 프로파이트 두란Profayt Duran(1414년경 사망)의 『이교도의 치욕』에서는 성서와 이성이라는 두 개의 근거에 기초하여 삼위일체와 실체 변화, 육화 등의 교의가 체계적으로 비판된다. 그들의 그리스도교 비판은 종교란 이성을 기반으로 한 것이어야 한다는 종교관을 반영하고 있다. 이러한 그리스도교에 대한 논쟁 문학은 그리스도교를 공격하는 것보다 그리스도교로 개종시키려고 하는 포교 활동으로부터 유대인을 지키는 것을 목표로 하고 있었다. 요컨대 중세 이전에는 타자였던 철학이 이제 유대인과 유대교를 지키기 위한 방패의 역할을 한다고 생각된 것이다.

확실히 중세 후기 이후 유대 철학은 눈에 띄게 쇠퇴해갔다. 그러나 이방의 사상과 마주하고 흡수하려고 하는 철학자들의 만족할 줄 모르는 도전으로 철학은 유대교 세계에 깊이 침투하여 유대교 문화의 기반으로서 계속 살아갔다.

☞ 좀 더 자세히 알기 위한 참고 문헌

— 이즈쓰 도시히코井筒俊彦, 「중세 유대 철학사中世ユダヤ哲学史」, 『이와나미 강좌 동양 사상岩波講座東洋思想 제2권 유대 사상 2』, 岩波書店, 1988년 수록. 이슬람 연구의 석학에 의한 상세한 중세 유대 철학 해설.

— 율리우스 구트만Julius Guttmann, 『유대 철학 — 성서 시대로부터 프란츠 로젠츠바이크까지ユダヤ哲学 — 聖書時代からフランツ・ローゼンツヴァイクに至る』, 고다 마사토合田正人 옮김, みすず書房, 2000년. 20세기 초까지의 유대 철학의 전모를 역사적으로 개관한 이 분야의 가장 중요한 저작 가운데 하나.

— 이치카와 히로시市川裕, 『유대교의 정신 구조ユダヤ教の精神構造』, 東京大学出版会, 2004년; 같은 저자, 『유대인과 유대교ユダヤ人とユダヤ教』, 岩波新書, 2019년. 종교학의 시각에서 오랫동안 유대교를 연구해온 석학에 의한 연구서. 유대교에 관해 역사와 신앙, 학문, 사회의 관점에서 다각적으로 논의하고 있다.

— A. J. 헤셸Abraham Joshua Heschel, 『마이모니데스 전기マイモニデス伝』, 모리이즈미 고지森泉弘次 옮김, 敎文館, 2006년. 유대교 최대의 사상가 마이모니데스의 생애를 더듬어간 저작. 저자 헤셸 자신도 현대 유대교를 대표하는 사상가로서 이름이 높다.

후기

판 스텐베르헨^{van Steenbergen}(1904~1993)이라는 벨기에 학자의 저서 『13세기 혁명』(아오키 세이조^{青木靖三} 옮김, みすず書房, 1968년)이 있다. 지금은 절판되었지만, 13세기 철학을 주제로 삼으려고 한다면, 손에 넣지 않을 수 없는 책이다. '12세기 르네상스'라는 말이 있듯이 12세기는 눈에 띄지만, 13세기는 조금 수수하기 때문이다.

서양의 13세기는 대학의 세기이며, 아리스토텔레스가 열심히 읽힌 시기이다. 그리고 1270년과 1277년에 파리 주교 에티엔 탕피에^{Étienne Tempier}(?~1279)의 탄압으로 인해 아리스토텔레스의 저작을 읽는 것이 금지되었다고 한다. 하지만 그 금지령은 유명무실하여 파리대학에서는 아리스토텔레스가 계속해서 강의되었다.

아리스토텔레스가 금지됨에 따라 거기에 포함된 목적론적 세계관이 억압되고 근세의 기계론적 자연관이 준비되었다고 하는 학설이 제출된 때가 있다. 과학사학자 피에르 뒤엠Pierre Maurice Marie Duhem(1861~1916)의 설인 까닭에 '뒤엠 테제'라고 불렀다. 학문의 자유를 억압하는 금지령이 근대화를 준비했다는 것이다.

오늘날 '뒤엠 테제'는 회고되는 일도 없다. 모두 10권에 이르는 『세계의 체계』(1913~1959년)에는 당시 자연학서의 방대한 인용이 있으며, 그의 해박한 모습과 천재가 압도적으로 느껴진다. 하지만 그 대전도 도서관의 구석에서 먼지를 뒤집어쓰고 있는 모습이 과거의 영화와 현재의 망각이 이루는 격차를 보여주어 바라보는 이들의 마음을 아프게 한다.

어쨌든 13세기는 아리스토텔레스가 정성 들여 읽힌 시대이며, 그 아리스토텔레스를 어떻게 자리매김할 것인가 하는 것에 판 스텐베르헨의 관심이 놓여 있었다. 따라서 급진적 아리스토텔레스주의, 아우구스티누스적 아리스토텔레스주의, 그리스도교적 아리스토텔레스주의 등이라는 분류가 이루어진 것이다.

확실히 아리스토텔레스의 철학의 천재다움은 경이적이다. 생물과 식물을 둘러싼 분류학적인 집요함과 철학에서 새로운 개념과 그것을 표현하는 술어 창조력은 그 후의 서양 철학을 근본적으로 결정할 정도였다. 아리스토텔레스가 근세에 부정되었다고 하더라도, 그 영향은 21세기에 이르기까지 결정적으로 뿌리 깊게 남아 있다.

그러나 한편으로 눈을 세계로 돌리면, 아리스토텔레스의 철학도 특정한 지역의 철학에 지나지 않는 것이 아닐까 하는 생각도 든다. 가마쿠라 불교를 보더라도, 중국 송학의 전개를 보더라도, 인도의 형이상학을 보더라도 아리스토텔레스의 틀이 적용될 수 있는 배치로는 되어 있지 않다.

아니, 아무리 지역적으로 특수하게 보이는 사상 무리도 그 밑바탕에 보편적인 철학 형식이 놓여 있고, 그것을 아리스토텔레스가 표현하고 있다는 견해도 그야말로 가능하다. 그러나 그 일은 지금부터 확인되어야만 하는 일이다.

제4권에 기고해주신 논고들을 보면, 세계철학은 지금부터 출범한다고 생각해서는 안 된다. 과연 세계 여러 지역의 사상 밑바탕에 공통된 것이 존재하는지, 이러한 '미답의 대지'를 찾는 것, 바로 그것이야말로 우리에게 부과된 과제이다. 이 『세계철학사』 시리즈는 철학사의 파도를 타고 넘어서는 문제를 전하기 위해 존재한다.

출범의 흥분이 전해진다면 다행이다. 하선할 것을 허락받지 못한 승무원(편집자)으로서 사실상 키를 잡고 인도하고 있는 치쿠마쇼보 편집부의 마쓰다 다케시 씨에게 진심으로 감사드린다.

제4권 편자 야마우치 시로

■ 편자

이토 구니타케伊藤邦武

1949년생. 류코쿠대학 문학부 교수, 교토대학 명예교수. 교토대학 대학원 문학연구과 박사과정 학점 취득 졸업. 스탠퍼드대학 대학원 철학과 석사과정 수료. 전공은 분석 철학·미국 철학. 저서 『프래그머티즘 입문』(ちくま新書), 『우주는 왜 철학의 문제가 되는가』(ちくまプリマー新書), 『퍼스의 프래그머티즘』(勁草書房), 『제임스의 다원적 우주론』(岩波書店), 『철학의 역사 이야기』(中公新書) 등 다수.

야마우치 시로山內志朗 __ 머리말 · 제1장 · 후기

1957년생. 게이오기주쿠대학 문학부 교수. 도쿄대학 대학원 인문과학연구과 박사과정 학점 취득 졸업. 전공은 서양 중세 철학·윤리학. 저서 『보편 논쟁』(平凡社ライブラリー), 『천사의 기호학』(岩波書店), 『'오독'의 철학』(靑土社), 『작은 윤리학 입문』, 『느끼는 스콜라 철학』(이상, 慶應義塾大学出版会), 『유도노산의 철학』(ぷねうま舍) 등.

나카지마 다카히로中島隆博

1964년생. 도쿄대학 동양문화연구소 교수. 도쿄대학 대학원 인문과학연구과 박사과정 중도 퇴학. 전공은 중국 철학·비교사상사. 저서 『악의 철학 — 중국 철학의 상상력』(筑摩選書), 『장자 — 닭이 되어 때를 알려라』(岩波書店), 『사상으로서의 언어』(岩波現代全書), 『잔향의 중국 철학 — 언어와 정치』, 『공생의 프락시스 — 국가와 종교』(이상, 東京大学出版会) 등.

노토미 노부루納富信留

1965년생. 도쿄대학 대학원 인문사회계 연구과 교수. 도쿄대학 대학원 인문과학연구과 석사과정 수료. 케임브리지대학 대학원 고전학부 박사학위 취득. 전공은 서양 고대 철학. 저서 『소피스트란 누구인가?』, 『철학의 탄생 — 소크라테스는 누구인가?』(이상, ちくま学芸文庫), 『플라톤과의 철학 — 대화편을 읽다』(岩波新書) 등.

■ 집필자

야마구치 마사히로山口雅廣 __ 제2장

1976년생. 류코쿠대학 문학부 준교수. 교토대학 대학원 문학연구과 박사후기과정 수료. 박사(문학). 전공은 서양 중세 철학, 종교철학. 저서 『서양 중세의 정의론』(공편저, 晃洋書房), 『철학 세계 여행』(공저, 晃洋書房) 등. 역서 『중세의 철학 — 케임브리지 안내서』(공역, 京都大学学術出版会).

혼마 히로유키本間裕之 __ 제3장

1992년생. 도쿄대학 대학원 인문사회계연구과 박사과정 재학. 같은 대학원 석사과정 수료. 전공은 서양 중세 철학. 논문 「둔스 스코투스의 형상적 구별에 대하여: 의미론적 관점에서」(『철학』 제70호) 등.

고무라 유타小村優太 __ 제4장

1980년생. 와세다대학 문학학술원 전임강사. 도쿄대학 대학원 종합문화연구과 박사과정 만기 졸업. 박사(학술, 도쿄대학). 전공은 아라비아 철학, 이슬람 사상. 논문 「이븐 시나의 인식론」(『이슬람 철학과 그리스도교 중세 I. 이론철학』, 岩波書店), 「순수선에 대하여'의 존재론(2). Anniyyah와 Wujūd」(『존재론의 재검토』, 月曜社) 등. 번역으로 프랑스와 데로슈, 『코란 — 구조·교의·전승』(文庫クセジュ) 등.

마쓰네 신지松根伸治 __ 제5장

1970년생. 난잔대학 인문학부 교수. 교토대학 대학원 문학연구과 박사후기과정 수료. 박사(문학). 전공은 서양 중세의 윤리 사상. 저서 『악의 의미 — 그리스도교의 관점에서』(공저, 新教出版社), 『예술 이론 고전 문헌 선집 — 서양 편』(공저, 幻冬舎). 역서, 토마스 아퀴나스, 『신학대전 제21책』(공역, 創文社) 등.

쓰지우치 노부히로辻内宣博 __ 제7장

1975년생. 와세다대학 상학부 준교수. 교토대학 대학원 문학연구과 박사후기과정 수료. 박사(문학). 전공은 서양 중세 철학. 논문 「14세기에서의 시간과 영혼의 관계 — 오컴과 뷔리당」(『서양 중세 연구』 제3호), 「감각 인식과 지성 인식의 경계선 — 『데 아니마 문제집』에서의 뷔리당의 인식이론」(『중세 사상 연구』 제48호), 「이성과 신앙의 좁은 틈에서 — 뷔리당에서의 인간의 영혼을 둘러싼 문제」(『중세 철학 연구』 제24호) 등.

가키우치 게이코垣內景子 _ 제8장
1963년생. 와세다대학 문학학술원 교수. 와세다대학 대학원 문학연구과 박사후기 과정 학점 취득 졸업. 박사(문학). 전공은 동양 철학. 저서『'마음'과 '이'를 둘러싼 주희 사상 구조 연구』(汲古書院), 『주자학 입문』(ミネルヴァ書房) 등.

미노와 겐료箕輪顯量 _ 제9장
1960년생. 도쿄대학 대학원 인문사회계연구과 교수. 같은 대학원 박사과정 수료. 박사(문학). 전공은 불교 사상사, 일본 불교. 저서『중세 초기 남도 계율 부흥 연구』(法藏館), 『불교 명상론』, 『일본 불교사』(이상, 春秋社) 등.

시다 마사히로志田雅宏 _ 제10장
1981년생. 도쿄대학 대학원 인문사회계 연구과 전임강사. 도쿄대학 대학원 인문사회계연구과 박사과정 수료. 전공은 종교학, 유대교 연구. 저서『유대교와 그리스도교』(공저, リトン), 『일신교 세계 속의 유대교』(공편저, リトン), 역서 M. 할버탈, 『책의 백성』(敎文館) 등.

사토 마사루佐藤 優 _ 칼럼 1
1960년생. 작가·전 외무성 주임 분석관. 도시샤대학 대학원 신학연구과 수료. 저서『국가의 덫』, 『스스로 무너지는 제국』(新潮社), 『독서의 기법』(東洋経済新報社), 『옥중기』(岩波現代文庫), 『종교 개혁 이야기』(角川書店), 『격차 사회를 살아내는 독서』(공저, ちくま新書) 등.

사사키 와타루佐々木 亘 _ 칼럼 2
1957년생. 가고시마준신여자대학 교수. 난잔대학 대학원 문학연구과 박사과정 학점 취득 졸업. 교토대학 박사(문학), 고베대학 박사(경제학), 난잔대학 박사(종교사상). 전공은 중세 철학·사상사. 저서『토마스 아퀴나스의 인간론』, 『공동체와 공동선』(이상, 知泉書館), 『토마스 아퀴나스에게서의 법과 정의』(敎友社) 등. 역서『중세의 철학』(공역, 京都大学学術出版会).

고이케 히사코^{小池壽子}_ 칼럼 3

1956년생. 고쿠가쿠인대학 문학부 교수. 오차노미즈여자대학 대학원 인간문화연구과 박사과정 만기 졸업. 전공은 서양 미술사. 저서『죽은 자들의 회랑』(平凡社ライブラリー),『시체 사냥』(白水Uブックス),『죽음을 응시하는 미술사』(ちくま学芸文庫),『'죽음의 무도'에의 여행 — 춤추는 해골들을 찾아서』(中央公論新社),『내장의 발견 — 서양 미술에서의 신체와 이미지』(筑摩選書) 등.

아키야마 마나부^{秋山 学}_ 칼럼 4

1963년생. 쓰쿠바대학 인문사회계 교수. 도쿄대학 대학원 종합문화연구과 박사과정 수료. 박사(학술). 전공은 고전고대학. 저서『헝가리의 그리스 가톨릭 교회 — 전승과 전망』,『교부와 고전 해석 — 예형론의 범위』(이상, 創文社),『율에서 밀로 — 만년의 지운 존자』(春風社),『알렉산드리아의 클레멘스 (綴織) I · II』(원전 역, 敎文館) 등.

■ 옮긴이

이신철^{李信哲}

가톨릭관동대학교 VERUM교양대학 교수. 연세대학교 철학과를 졸업, 건국대학교 대학원에서 철학 박사학위 취득. 전공은 서양 근대 철학. 저서로『진리를 찾아서』,『논리학』,『철학의 시대』(이상 공저) 등이 있으며, 역서로는 피히테의『학문론 또는 이른바 철학의 개념에 관하여』, 회슬레의『객관적 관념론과 근거짓기』,『현대의 위기와 철학의 책임』,『독일철학사』, 셸링의『신화철학』(공역), 로이 케니스 해크의『그리스 철학과 신』, 프레더릭 바이저의『헤겔』,『헤겔 이후』,『이성의 운명』, 헤겔의『헤겔의 서문들』, 하세가와 히로시의『헤겔 정신현상학 입문』, 곤자 다케시의『헤겔과 그의 시대』,『헤겔의 이성, 국가, 역사』, 한스 라데마커의『헤겔 논리의 학』입문』, 테오도르 헤르츨의『유대 국가』, 가라타니 고진의『트랜스크리틱』, 울리히 브란트 외『제국적 생활양식을 넘어서』, 프랑코 '비코' 베라르디의『미래 가능성』, 사토 요시유키 외『탈원전의 철학』 등을 비롯해, 방대한 분량의 '현대철학사전 시리즈'(전 5권)인『칸트사전』,『헤겔사전』,『맑스사전』(공역),『니체사전』,『현상학 사전』이 있다.

* 고딕은 철학 관련 사항

	유럽	북아프리카·아시아 (서·중앙·남)	중국·조선	일본
1200	1200년경 생-타무르의 기욤 태어남[~1272], 알베르투스 마그누스 태어남[~1280] 1200/1 이븐 아라비 안달루시아로부터 동방을 향해 여행 1204 제4회 십자군, 콘스탄티노폴리스를 점령, 라틴 제국 건국	1201 나시르 알딘 알 투시 태어남[~1274] 1204 마이모니데스 이집트에서 사망 1205 파크르 알딘 알 라지 헤라트에서 사망 1207 잘랄 아딘 루미 태어남[~1273], 사드르 알딘 알 쿠나위 태어남[~1274]	1200 주희, 사망 1206 칭기즈칸에 의해 몽골제국 건국 1209 허형 태어남[~1281]	1200 도겐 태어남[~1253] 1201 에이존 태어남[~1290], 벤교 사망 1202 엔미 태어남[~1280], 소쇼 태어남[~1278]
1210	1215 제4 라테라노 공의회 1216 도미니코회가 설립됨 1217년경 보나벤투라 태어남[1274]		1210 지눌 사망	1212 호넨 사망 1213 란케이 도류 태어남[~1278] 1213 게다쓰 죠케이 사망 1215 요사이 사망
1220	1220년경 로저 베이컨 태어남[~1294], 미카엘 스코투스가 아베로에스, 아리스토텔레스의 번역을 시작 1225년경 토마스 아퀴나스 태어남[~1274] 1226 아시시의 프란체스코 사망 1229 십자군 예루살렘을 탈환	1221 파리드 알딘 아타르, 몽골군에 의해 살해됨 1221년경 칭기즈칸군이 인도에 침입, 이 이후, 몽골군의 북인도 침입이 되풀이된다	1223 왕응린 태어남[~1296]	1221 조큐의 난 1221년경『헤이케모노가타리』성립 1222 니치렌 태어남[~1282] 1226 라이유 태어남[~1304] 1227 슌죠 사망. 도겐 송나라에서 귀국하여 조동종을 전한다

1230	1232 그라나다에서 나스르 왕조 성립 [~1492]	1236 쿠톱 알딘 알 시라 지 태어남[~1311] 1238 유누스 엠레 태어 남[~1320]	1231 곽수경 태어남 [~1316] 1234 금나라, 몽골· 남송 군에 의해 멸망 1235 진덕수 사망 1237 위용옹 사망	1239 잇펜 태어남 [~1289]
1240	1240 아브라함 아불라 피아 태어남[~1291년 경] 1241 레그니차 전투 에서 몽골군이 독일 연합군을 깨트린다 1248년경 페트루스 요 한네스 올리비 태어남 [~1298]	1240 이븐 아라비 다마 스쿠스에서 사망	1244 야율초재 사망 1249 오징 태어남 [~1333]	1240 교넨 태어남 [~1311] 1249 가쿠죠 사망
1250	1255 파리대학 학예학 부, 아리스토텔레스의 저작을 커리큘럼에 넣 는다	1250 알라마 알 힐리 태 어남[~1325] 1256 훌레구가 이끄 는 몽골 군에 의해 니 자라 파의 본거지 알 라무트가 함락 1258 이븐 타이미야 태 어남[~1326]. 루미『정 신적 마스나비』의 집 필을 개시. 훌레구가 이 끄는 몽골 군에 의해 바 그다드가 함락하여 아 바스 왕조가 멸망, 대살 육과 파괴가 행해진다. 1259 마라게 천문대 설 립		1252 료헨 사망 1253 란케이 도류 겐쵸 지를 개창
1260	1261 콘스탄티노폴 리스를 탈환하고, 비 잔틴 제국 재흥: 팔라 이오로고스 왕조가 시작된다[~1453 비			1262년경 유이엔『환 이초』성립 1263 신란 사망 1266년경『오처경』 성립

	잔틴 제국 멸망] 1265 단테 태어남 [~1321] 1265년경 둔스 스코투 스 태어남[~1308], 토 마스 아퀴나스 『신학 대전』 집필 개시			
1270	1270 나흐마니데스 사 망. 마르코 폴로, 동양 을 향해 출발한다 1270년경 이 무렵부터 파리대학에서 라틴 아 베로에스주의자의 활 동이 활발화 1272 아브빌의 게라르 두스 사망 1274 제2 리옹 공의회 1270/90 파두아의 마르 실리우스 태어남 [~1342] 1277 탕피에의 금지령	1273 메블레비 교단이 설립된다	1271 쿠빌라이 칸 국 호를 대원(원)으로 한다[~1368] 1275 마르코 폴로 대 도(베이징)에 도착 1279 남송 원군에 의 해 멸망	1274 분에이의 역 1278 고칸시렌 태어남 [~1347]
1280	1285년경 윌리엄 오컴 태어남[~1347년경]		1280 곽수경과 허형 등 에 의해 수시력이 완성 된다	1280년경 『신도오부 서』 성립 1281 고안의 역 1283 무주 『사석집』 성 립
1290	1296 그레고리오스 팔 라마스 태어남 [~1357/9]	1299 오스만 왕조가 일어난다[~1922]	1294 몬테코르비노 대주교에 의한 중국 포교[~1328]	1297 다이가쿠 태어남 [~1364]
1300	1300년경 장 뷔리당 태 어남[~1362년경], 리 미니의 그레고리우스 태어남[~1358] 1304 페트라르카 태 어남[~1374] 1309 교황의 바빌론			

	유수[~1377]		
1310		1314 라시드 앗딘 『집사』 성립	1313 송나라 멸망 이래로 중단되어 있던 과거가 재개	
1320	1320년경 작센의 알베르투스 태어남[~1390], 니콜 오렘 태어남 [~1382]	1325/6 하페즈 태어남 [~1389/90]		1320 와타라이 이에유키 『유취신기본원』 성립
1330	1331년경 존 위클리프 태어남[~1384] 1337 백년전쟁 개시 [~1453] 1337년경 헤쉬카슴 논쟁[~1351]	1332 이븐 할둔 태어남 [~1406]		1330 요시다 겐코 『도연초』 성립 1333 가마쿠라 막부가 멸망한다. 겐무의 새로운 정치 1336 남북조 분열
1340	1340년경 하스다이 크레스카스 태어남 [~1410년경] 1347 페스트 대유행 [~1384]		1346 이븐 바투타가 대도(베이징)에 도착	1344 무소 소세키 『몽중문답집』 성립
1350			1351 홍건의 난 1357 방효유 태어남 [~1402]	
1360	1360년경 플레톤 태어남[~1452] 1363 장 제르송 태어남 [~1429]		1368 원의 대도가 함락. 명나라가 성립	1360년경 『신도집』 성립 1363 제아미 태어남 [~1443]
1370	1378 교회 대분열 [~1417]	1370 우즈베키스탄의 중앙부에 티무르 왕조가 성립[~1507]	1370 과거 제도가 확립된다	1375년경 『태평기』 성립
1390	1396 니코폴리스 전투에서 오스만 제국이 헝가리를 깨트린다		1392 조선(이씨)이 성립[~1910] 1397 홍무제 『육유』를 발포	1392 남북조 합일 1397 아시카가 요시미쓰 긴카쿠지를 세움
1400		1402 앙카라 전투	1405 정화의 남해 원정[~1433]	1404 감합 무역 개시

| 1410 | 1415 얀 후스 화형 | | 1415 『사서대전』, 『오경대전』, 『성리대전』의 완성 | |

| 전권 목차 |

책임편집 이토 구니타케+야마우치 시로+나카지마 다카히로+노토미 노부루
옮 긴 이 이신철

세계철학사 1 — 고대 I

세계철학사 3 — 중세 I

세계철학사 4— 중세Ⅱ

세계철학사 5— 중세Ⅲ

한국어판 ⓒ 도서출판 b, 2023

세계철학사 4

초판 1쇄 발행일 2023년 05월 15일

엮은이 이토 구니타케+야마우치 시로+나카지마 다카히로+노토미 노부루
옮긴이 이신철
기 획 문형준, 복도훈, 신상환, 심철민, 이성민, 이신철, 이충훈, 최진석
편 집 신동완
관 리 김장미
펴낸이 조기조
발행처 도서출판 b
인쇄소 주)상지사P&B
등 록 2003년 2월 24일 제2006-000054호
주 소 08772 서울특별시 관악구 난곡로 288 남진빌딩 302호
전 화 02-6293-7070(대)
팩 스 02-6293-8080
이메일 bbooks@naver.com
누리집 b-book.co.kr

책 값 30,000원
ISBN 979-11-89898-90-8 (세트)
ISBN 979-11-89898-94-6 94140